Maret Heydenreich/Tim Schwarzenberger

Langlauf
im Harz

W0041335

Steiger-Langlaufführer

Maret Heydenreich/Tim Schwarzenberger

Langlauf
im Harz

Steiger-Langlaufführer

STEIGER
VERLAG
st

Die Autoren:

Maret Heydenreich und Tim Schwarzenberger sind Mitarbeiter des Nationalparkhauses Altenau-Torfhaus und beschäftigen sich schon aus beruflichen Gründen
permanent mit der Natur des Harzes und dessen Besonderheiten. Sie kennen alle
Langlaufmöglichkeiten im gesamten Harzgebiet aus eigener Erfahrung und haben
für diesen Band eine vielseitige Auswahl aktuell recherchiert und zusammengestellt.

Die Deutsche Bibliothek – CIP-Einheitsaufnahme

Heydenreich, Maret:
Langlauf im Harz / Maret Heydenreich/Tim Schwarzenberger. -
Augsburg : Steiger, 1997
(Steiger-Langlaufführer)
ISBN 3-89652-103-9

Alle Informationen und Hinweise ohne jede Gewähr und Haftung.

Gedruckt auf chlorfrei gebleichtem Papier.

Steiger Verlag
© 1997 Weltbild Verlag GmbH, Augsburg
Alle Rechte vorbehalten
Konzeption: Dr. Petra Altmann
Lektorat: Frank Heins
Kartenskizzen: Ingenieurbüro für Kartographie Heidi Schmalfuß, München
Umschlaggestaltung und Layoutentwurf: Petra Pawletko
Layout, Satz und Reproduktion: Kaltner Media GmbH, Bobingen
Druck und Bindung: Appl, Wemding

Einbandvorderseite –Hauptmotiv: Winterlandschaft im Harz (Foto: Nationalpark-
verwaltung Harz, St. Andreasberg); Einbandvorderseite – Hintergrund: Spuren im
Schnee (Tony Stone Bilderwelten, München / Foto: Brett Baunton);
S. 1: Auf dem Acker; S. 2/3: Loipe Eckersprung; S. 9, 36, 85: Harzer Winterlandschaften;
S. 27: Brocken; S. 73: Bismarckturm, Bad Lauterberg
Bildnachweis: Kurverwaltung Benneckenstein: S. 91; M. Dittmann, Braunlage:
S. 83; Maret Heydenreich: S. 11, 13, 15, 18, 22, 52, 68, 70; Kurverwaltung
Lauterberg: S. 73; Nationalparkverwaltung Harz, St. Andreasberg/Oderhaus:
S. 1, 30, 35, 43, 46, 47; Tim Schwarzenberger: S.2/3, 9, 19, 24, 26, 27, 39, 49, 57, 58,
61, 63, 65, 76, 78, 80, 81, 85, 94

Printed in Germany

ISBN 3-89652-103-9

Inhalt

Einführung

Der Fremdenverkehr hat im Harz eine lange Tradition. Ob Sommerfrischler, Winterurlauber oder Kurgäste, alle wurden und werden vom Harz und seiner herben Schönheit angelockt. Bereits 1591 ließ der Graf von Stolberg einen Weg auf den Brocken anlegen, damit der Herzog von Braunschweig seiner Frau vom Gipfel aus sein Land zeigen konnte. Viele folgten ihnen und suchten in der ungewöhnlich reinen Luft der zahlreichen Heilbäder und heilklimatischen Kurorte Erholung.

Das mittelhochdeutsche Wort „hart", das für Wald steht, gab dem nördlichsten Mittelgebirge Deutschlands seinen Namen. Und dieser Wald ist das Spiegelbild der bewegten Vergangenheit des Harzes: sagenumwobener, unzugänglicher Urwald; wildreiches Jagdgebiet deutscher Kaiser; als Bergbaurevier das „Ruhrgebiet des Mittelalters"; Symbol der deutschen Teilung und Wiedervereinigung. Heutzutage ist der Harz mit den Nationalparken Harz und Hochharz wieder auf dem Weg zur Wildnis – mitten in Deutschland. Die Nationalparke haben das Ziel, Verständnis für die Natur zu wecken und Natur zu erleben – auch auf Langlaufskiern.

Das „Harzer Loipenpaket"

Seit der Wintersaison 1996/97 gibt es ein neues Angebot für alle Wintersportler im Harz. Viele Loipenbetreiber und Tourismusverantwortliche aus dem gesamten Harz gründeten den Förderverein Loipenverbund Harz e.V. und schnürten das „Harzer Loipenpaket". Es enthält zum Preis von DM 18.– (Stand: 1997) die Wintersportkarte Harz, die erste Karte, die über sämtliche Wintersportmöglichkeiten (Loipen, Skiwanderwege, Skihänge, Rodelbahnen usw.) des gesamten Harz im Maßstab 1 : 50 000 informiert, sowie ein Bonusheft (u. a. Vergünstigungen für die Benutzung von Wintersportanlagen) und einen Anstecker. Mit dem Anstecker, der eine Hexe auf Skiern zeigt, signalisieren sie, daß sie die Pflege der Harzer Loipen tatkräftig unterstützen und somit einen wichtigen Beitrag für den Naturschutz leisten.

Wintersport und Naturschutz - ein Widerspruch in sich?

Auch viele tausend Besucher mit unterschiedlichsten Interessen wie Wandern, Wintersport oder

Mountainbiking müssen in einem Erholungsgebiet wie dem Harz nicht dazu führen, daß das Gleichgewicht der Natur aus der Balance gerät. Wintersport und Naturschutz muß daher kein Widerspruch sein. Damit Sie nicht zum „Wildtöter wider Willen" werden oder sich auch Ihre Enkel noch an den faszinierend schönen Harzmooren erfreuen können, ist es wichtig, die nachfolgenden Regeln einzuhalten.

• Bitte bleiben Sie unbedingt auf den maschinell gespurten Loipen und den markierten Skiwanderwegen; Wildtiere haben ihr Fluchtverhalten darauf eingestellt. In den Nationalparken Harz und Hochharz gilt ein strenges Wegegebot. Folgen Sie keinen von den offiziellen Wegen oder Loipen abzweigenden Spuren.

• Unternehmen Sie keine nächtlichen Skiwanderungen, denn Ruhe ist für Wildtiere in dieser Zeit besonders wichtig. Vermeiden Sie auch bei Tage unnötigen Lärm, und lassen Sie beim Skisport besser Ihren Hund zu Hause.

• Laufen Sie nur bei ausreichender Schneehöhe Ski. Wintersport bei ungünstigen Schneeverhältnissen ruiniert nicht nur Ihre Skier, sondern verursacht auch schwerwiegende Schäden an der Vegetation.

• Fahren Sie mit öffentlichen Verkehrsmitteln zum Skilaufen in den Harz (siehe Kapitel Loipengebiet Nationalpark Harz und Hochharz) oder arrangieren Sie Fahrgemeinschaften. Sie ersparen sich auf diese Weise viel Ärger bei der Parkplatzsuche im Oberharz und leisten gleichzeitig einen wichtigen Beitrag zum Umweltschutz.

• Als Besucher des Harzes sind Sie zu Gast in einer geschützten Naturlandschaft. Nehmen Sie deshalb bitte Ihren Abfall vollständig wieder mit nach Hause.

Die Langlaufgebiete des Harzes

Weit über 500 km gespurte Loipen und ausgewiesene Skiwanderwege im 2250 km^2 großen Naturraum Harz können nicht nur bei „Neuankömmlingen", sondern auch bei „alten Hasen" für Verwirrung sorgen. Damit Sie den Durchblick in der Wintersportregion Harz behalten, haben wir die vielfältigen Angebote und Möglichkeiten für Skilangläufer nach geographischen Gesichtspunkten in fünf Regionen untergliedert.

Der **Oberharz** erhebt sich weithin sichtbar mit einem steilen, etwa 400 m hohen Anstieg über das Umland. Auf seiner zentralen Hochfläche (500 – 700 m ü. NN) liegt die Bergstadt Clausthal-Zellerfeld. Mit

Clausthal-Zellerfeld in Verbindung stehen nicht nur die Loipen und Skiwanderwege der umliegenden Bergstädte Bad Grund, Wildemann und Lautenthal, sondern auch die Loipen um Buntenbock, Schulenberg und der kleinen, zu Goslar gehörenden Ortschaft Hahnenklee.

Im Herzen des Harzes liegen die Langlaufgebiete der **Nationalparke Harz und Hochharz**. An seinen Rändern ist das Nationalparkgebiet umgeben von so bekannten und traditionsreichen Wintersportorten wie Braunlage, Schierke, St. Andreasberg und Altenau, die ebenso wie die Orte Lonau, Sieber, Riefensbeek-Kamschlacken, Elend, Drei-Annen-Hohne und Bad Harzburg unter der Rubrik **Nationalparkgemeinden** zusammengefaßt sind.
Für Wintersportler bieten die Nationalparke Harz und Hochharz rund 140 km gut präparierte, schneesichere Loipen in herrlicher Natur. Rund 55 km Skiwanderwege ergänzen dieses Angebot.

Im **Südharz** mit den Kurorten Bad Lauterberg, Bad Sachsa, Wieda, Walkenried, Zorge und Hohegeiß fällt das Gebirge viel sanfter zu seinem Rand hin ab als am schrofferen Nordharz, und Harzflüsse wie die Oder bahnen sich hier breite Talmündungen. Auch das Klima ist am laubwaldreichen Südharzrand oft milder und sonnenreicher, so daß Wintersport in den Ortslagen der Täler nur selten möglich ist. Die wichtigsten Loipen wie die Südharz- und Kaiserweg-Loipe führen daher tief in das Harzgebirge hinein und bieten Anschluß an das übrige Loipennetz.
Im Winter wird zwischen Bad Lauterberg und Walkenried das „Südharzer Loipennetz" gespurt. Mit einer Länge von 62 km erschließt es die verschneiten Höhenzüge des Südharzes und stellt den Anschluß zu den Loipen rund um Hohegeiß und Braunlage her.

Der **östliche Harz** wird auch als Unterharz bezeichnet. Landschaftsprägend ist eine Hochebene mit sanften Hügeln und großen freien Flächen, die sich im Mittel 500 m über den Meeresspiegel erhebt.
Ein besonders attraktives und umfangreiches Loipennetz im Ostharz findet man in der Umgebung von Benneckenstein in unmittelbarer Nachbarschaft zu Hohegeiß. Auf der sonnigen Hochfläche finden viele Wintersportmeisterschaften und Volksläufe statt. Einzelne Langlaufmöglichkeiten findet man nahe den Ortschaften Hasselfelde, Stiege, Elbingerode und Silberhütte.

1 Loipengebiet Clausthal-Zellerfeld

Gesamtlänge:	20 km
Längste Loipe:	12 km
Loipen auf:	500 – 600 m
Schwierigkeit:	leicht bis mittelschwer
Ski alpin:	Skilift an der Spiegeltaler Straße (Länge 250 m, Höhenunterschied 50 m)
Sport/Freizeit:	Skirollerbahn (4 km) des Landesleistungszentrums Oberharz (Kontakt über den WSV, Tel.: 0 53 23/8 26 43), Hallenbad, Kegeln, Reitsport, Tennis, Squash, Kunsthandwerkerhof, Bergwerksmuseum
Information:	Kurverwaltung Clausthal-Zellerfeld, Bahnhofstraße 5a, 38678 Clausthal-Zellerfeld, Tel.: 0 53 23/8 10 24

Im Jahre 1150 wurde im Oberharz ein Kloster (Cella) gegründet, aus dem sich eine Ortschaft entwickelte, die 1532 die freie Bergstadt Zellerfeld wurde. 1737 vernichtete ein Großbrand große Teile des Ortes, der danach mit einem schachbrettartigem Grundriß wiederaufgebaut wurde. Das 1554 gegründete Clausthal ist vor allem durch die 1775 gegründete Bergakademie und heutige Technische Universität bekannt, die die zweitgrößte Mineraliensammlung der Welt beherbergt. 1924 wurden mit Clausthal und Zellerfeld die zwei bedeutendsten Harzer Bergstädte vereinigt. Im Oberharzer Bergwerksmuseum, dem ältesten Technikmuseum Niedersachsens, kann man erleben, wie sehr der Bergbau diesen Ort geprägt hat. Auch heute ist die Stadt als heilklimatischer Kurort das wirtschaftliche Zentrum des Oberharzes. Dem Wintersportler werden in der leicht hügeligen Landschaft der Oberharzer Hochebene mit 66 Teichen, die als Wasserspeicher für die Bergwerke angelegt wurden, verschiedene Loipen und Übungshänge geboten.

1 Loipe Spiegelthal (Rundkurs)

Einstieg: Zellerfeld, Spiegelthaler Straße, gegenüber des Skihanges
Streckenlänge: 9,5 km
Profil: Gesamtsteigung 75 m
Anschluß: nach Wildemann über das Spiegelthaler Zechenhaus (1,7 km, Höhenunterschied 110 m)
Bewertung: abwechslungsreiche Strecke mittlerer Schwierigkeit mit schönen Fernsichten, die auch von ausdauernden Anfängern bewältigt werden kann (Möglichkeit der Abkürzung)

Die letzte Orientierungshilfe vor dem Start.

Der Einstieg in die Loipe erfolgt an der Spiegelthaler Straße, gegenüber vom Skilift. Von hier verläuft die Strecke zunächst über Wiesen und Weiden am Hang der Bockswieser Höhe (610 m), um dann in nordöstlicher Richtung zum **Kunstgraben** zu führen. Der Zellerfelder Kunstgraben war während der Hochblüte des Bergbaus eine der wichtigsten „Schlagadern" der Wasserwirtschaft. Auf kurviger Strecke geht es dann hinab ins bewaldete **Spiegelthal**, in dem die Loipe fast eben verläuft. Nach ca. 3,3 km besteht die Möglichkeit, abzukürzen und nach links auf die „kleine" Loipe abzubiegen, die

wieder zum Ausgangspunkt zurückführt. Nach ca. 5,5 km trifft man auf den Abzweig nach **Wildemann**. Einige Meter weiter bietet sich die Gelegenheit, einen Abstecher zum **Badstubenberg** zu machen, von wo aus man einen schönen Ausblick in Richtung Wildemann hat. Die eigentliche Spiegelthaler Loipe zweigt hier linker Hand ab. Vorbei an der Winterhalbe (549 m) und an einem „Teilerhaus" (560 m), in dem sich ein Mundloch eines unterirdisch verlaufenden Grabens oder Wasserlaufes befindet, geht es dann vorbei am Wasserläufer Teich zurück zum Ausgangspunkt.

▶ Einkehrtip

Spiegelthaler Zechenhaus (Montag Ruhetag), Tel.: 0 53 23/9 67 83

2 Loipe Ringerhalde (Rundkurs)

Einstieg: TSV Sportplatz Ringerhalde
Streckenlänge: 2 km
Profil: Gesamtsteigung 20–30 m
Besonderheiten: beleuchtet: Mo, Di, Mi, Fr 17–20 Uhr
Bewertung: ausgezeichnete Trainingsstrecke mit leichten bis mittleren Schwierigkeiten

Der Startpunkt dieser Loipe befindet sich am Sportplatz Ringerhalde im Westen des Ortsteils **Zellerfeld**. Ganz in der Nähe befindet sich auch die Gaststätte Ringer Zechenhaus, wo man in bergmännischem Ambiente verschiedene Harzer Spezialitäten serviert bekommt. Die Loipe verläuft in einer großen Schleife bis zum **Hüttenteich** und zurück zum Startpunkt.

▶ Einkehrtip
Ringer Zechenhaus,
Tel.: 0 53 23/8 16 73

3 Schwarzenbach-Loipe (Verbindungsloipe)

Einstieg: Schützenplatz Clausthal
Streckenlänge: 3,5 km
Profil: kaum Steigung
Anschluß: zur Wanderloipe Buntenbock
Bewertung: leicht

Zunächst führt die Strecke über Wiesen zum Schwarzenbacher Teich und unterhalb des Dammes des Pixhaier Teiches weiter zum **Gasthof Pixhaier Mühle**. Hier besteht die Möglichkeit, entweder auf einem Skiwanderweg in nordöstlicher Richtung zum Parkplatz an der Bundesstraße 242 (Harzhochstraße) zu gelangen oder in südlicher Richtung die Wanderloipe **Buntenbock** zu erreichen.

▶ Einkehrtip
Pixhaier Mühle,
Tel.: 0 53 23/22 15 oder 79 82

4 Loipe Innerstetal (Rundkurs)

Einstieg: Clausthal, an der Marie-Hedwig-Straße
Streckenlänge: 6 km
Profil: leichtes Auf und Ab
Anschluß: zur Kreuzbach-Loipe nach Bad Grund
Bewertung: mittelschwer

Der Startpunkt dieser Loipe ist die Marie-Hedwig-Straße, eine Seitenstraße der B 241 am Ortsausgang von **Clausthal**. Über Wiesen und durch Nadelwälder geht es zunächst in westlicher Richtung leicht hinab zur B 242, die nach Bad Grund führt. Dann führt uns die Spur weiter in leichtem Auf und Ab in die Umgebung der ehemaligen **Bleihütte**

Clausthal. Hier kann man hautnah erleben, wie sehr die Landschaft durch die Bergbauindustrie in Mitleidenschaft gezogen wurde. Die kahlen oder nur spärlich mit Heidekraut bewachsenen Halden und alte Grauwacke-Steinbrüche bieten ein fast gespenstisches Bild, besitzen in ihrer Kargheit aber auch einen gewissen Reiz.

Ganz in der Nähe der alten Bleihütte befinden sich die Hütten der Hamburger und Bremer Sektion des Deutschen Alpenvereins (DAV). Entlang der Innerste führt die Loipe dann in südlicher Richtung zum **Gasthaus Untere Innerste**. Für ambitionierte Skilangläufer besteht hier die Möglichkeit, an die Kreuzbach-Loipe anzuknüpfen und die Tageskilometerleistung deutlich nach oben zu schrauben. Alle anderen Skilangläufer bewegen sich in östlicher Richtung weiter, wo sie von der Spur zurück zum Ausgangspunkt geführt werden.

▶ **Einkehrtip**
Gasthaus Untere Innerste,
Tel.: 0 53 23/8 4 2 00

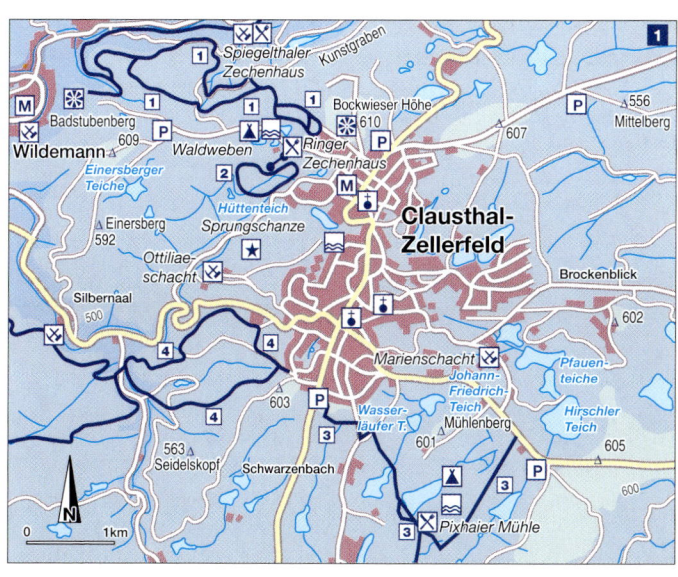

2

2 Loipengebiet Buntenbock

Gesamtlänge:	7 km
Längste Loipe:	4 km
Loipen auf:	530 – 600 m
Schwierigkeit:	leicht bis mittelschwer
Ski alpin:	Skiübungshang und Sprungschanze am Ziegenberg
Sport/Freizeit:	Klöppelmuseum (tägl. 10 – 17 Uhr)
Information:	Kurverwaltung Buntenbock, Alte Fuhrherrenstraße 5, 38678 Buntenbock, Tel.: 0 53 23/35 83

Buntenbock (550 m), ein Ortsteil von Clausthal-Zellerfeld, liegt umgeben von Bergwiesen, Hochwäldern und vielen Teichen am Südrand der Clausthaler Hochfläche. Durch seine Lage jenseits der großen Straßen ist Buntenbock ein idealer Ausgangspunkt für Skiwanderungen. Das ehemalige Fuhrherrendorf, in dem Spediteure lebten, die Erze und Holz transportierten, ist heute ein Luftkurort mit vielen Angebote.

1 Wanderloipe Buntenbock (Rundkurs)
Einstieg: Hotel Schützenhaus, Sporthalle
Streckenlänge: 4 km
Profil: Gesamtsteigung 160 m
Bewertung: mittelschwere Loipe

Zunächst läuft man in östlicher Richtung über schneebedeckte Bergwiesen. Kurz vor dem Erreichen des Waldes biegt die Loipe rechtwinklig ab und führt abwechslungsreich mit leichter Steigung auf den **Ziegenberg** (692 m). Kurz hinter der Kuppe des Ziegenberges geht es in leichter Abfahrt hinab durch den Wald. Bei

1,5 km überquert man eine Forststraße, die zu den Heidelbeerköpfen
führt. Rechter Hand sieht man die
Sprungschanze.

Die Loipe führt dann über die Brun-
nenwiese und nähert sich mit einen
Grätschanstieg dem Waldrand. Durch
den Wald geht es in entgegengesetz-
ter Richtung dann abwechslungsreich
zurück. Bei km 3,2 kreuzt man eine
Lichtschneise. Nachdem die Forststraße ein weiteres Mal passiert
wurde, läuft man am Osthang des
Ziegenberges entlang nach Norden
und gelangt nach kurzer Abfahrt zum
Ausgangspunkt zurück. Unterwegs
gibt es mehrere Möglichkeiten, die
Strecke zu variieren und abzukürzen.

2 **Kurpark-Loipe (Rundkurs)**
Einstieg: Dorfgemeinschaftshaus
Streckenlänge: 2 km
Profil: Gesamtsteigung 20 m
Besonderheiten: beleuchtet:
Mo bis Fr 18–21 Uhr

Im Kurpark von **Buntenbock** wird
bei guter Schneelage eine 2 km lange
Loipe gespurt. Hier können Anfänger
ihre ersten Schritte auf den schmalen
Skiern üben und sportlich orientierte
Läufer bei Flutlicht auch noch in der
Dunkelheit Trainingskilometer ab-
solvieren. Vornehmlich dient sie den
Angehörigen des Skiclubs Buntenbock als Trainingsstrecke. Parkmöglich-
keiten am Dorfgemeinschaftshaus.

Einer der vielen Stauteiche rund um Buntenbock und Clausthal-Zellerfeld.

3 Loipengebiet Wildemann

Gesamtlänge:	20 km
Längste Loipe:	6 km
Loipen auf:	350 – 570 m
Schwierigkeit:	leicht bis mittelschwer
Ski alpin:	Skihänge am Schwarzewald (180 m langer Lift, Höhenunterschied 40 m), am Gallenberg und am Hohen Berg
Sport/Freizeit:	Rodelbahn (ca. 800 m), Setzbügeleisen-Eisschießen auf der Natureisbahn, Besucherbergwerk
Information:	Fremdenverkehrsverein, Bohlweg 5, 38709 Wildemann, Tel.: 0 53 23/61 11, Fax: 61 12

Im Innerstetal liegt die kleinste der sieben Oberharzer Bergstädte. Der Sage nach lebten hier in einer Höhle ein Mann und eine Frau von beängstigender Größe, die sich nur von Beeren und rohem Fleisch ernährten. Nach vielen mißlungenen Versuchen gelang es den Bergleuten, den Mann gefangenzunehmen. Dieser sprach allerdings in Gefangenschaft kein Wort, schaute nur sehnsüchtig in die Richtung seiner Höhle und verweigerte Nahrung und Arbeit. Ratlos beschlossen die Bergleute, ihn zum Herzog von Braunschweig zu schicken, damit dieser bestimmen konnte, was mit ihm geschehen sollte. Doch der Gefangene starb unterwegs.

Im Augenblick seines Todes fand man in seiner Höhle die erste Erzader. Die Bergleute waren der Meinung, daß der Wilde Mann bis dahin die Gänge taub gemacht habe. Sie nannten die erste Grube nach ihm „Wilder Mann". An der Stelle, wo sie ihn fingen, steht noch heute eine Linde, direkt vor dem Hotel Rathaus. Für den Winterurlauber bietet Wildemann eine Rodelbahn, eine Natureisbahn, geräumte Winterwanderwege und Langlaufloipen. Skihänge befinden sich am Schwarzewald, am Gallenberg und am Hohen Berg. An Ruhetagen kann man das Schaubergwerk 19-Lachter-Stollen besuchen oder eine Pferdeschlittenfahrt unternehmen.

1 Eisenbahn-Loipe (Rundkurs)

Einstieg: Parkplatz am Ortsausgang Richtung Lautenthal
Streckenlänge: 5 km
Profil: Gesamtsteigung 30 m
Bewertung: besonders für Anfänger geeignet

Die Loipe befindet sich auf einem Teilstück der Trasse der stillgelegten Bahnstrecke Goslar - Altenau. Nachdem man am Parkplatz am Ortsausgang Richtung Lauthental (gegenüber einer Tankstelle) seine Skier angeschnallt hat, läuft man unterhalb des Hüttenberges auf ebener Strecke zunächst im Laubwald des **Innerstetales** Richtung Norden. Kurz nachdem man an den ehemaligen Adlersberger Steinbrüchen vorbeigekommen ist, erreicht man den Wendepunkt des Rundkurses und läuft nur wenige Meter parallel versetzt wieder zum Ausgangspunkt zurück.

2 Spiegelthal-Verbindungsloipe

Einstieg: Parkplatz am Schwimmbad
Streckenlänge: 4 km
Profil: Gesamtsteigung 40 m
Anschluß: Verbindung zur Zellerfelder Spiegelthal-Loipe
Bewertung: einfach

Die Loipe verläuft am rechten Ufer des Spiegelbaches in östlicher Richtung bis zum Spiegelthaler Zechenhaus. Hier besteht die Möglichkeit, über eine Forststraße im Johannistal die Zellerfelder Langlaufloipe Spiegelthal zu erreichen.

▶ Einkehrtip

Spiegelthaler Zechenhaus,
Tel.: 0 53 23/9 67 83

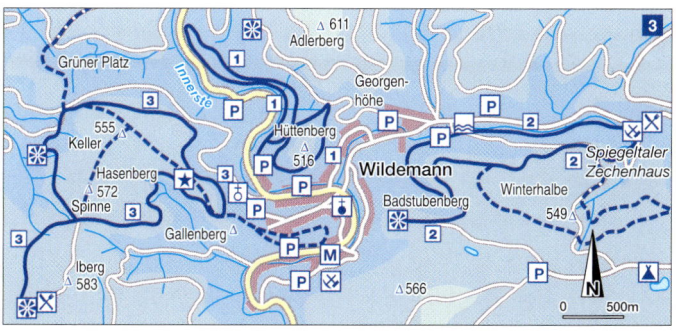

Der „Wilde Mann" von Wildemann.

3 **Hasenberg-Loipe (Rundkurs)**

Einstieg: Ortsausgang Richtung Clausthal-Zellerfeld
Streckenlänge: 6 km
Profil: Gesamtsteigung 150 m
Bewertung: mittelschwere Loipe

Die Loipe führt in westlicher Richtung am Hang des Gallenberges entlang und dann ansteigend hinauf auf 540 m zum Wegekreuz „Spinne", an dem sechs Wege zusammenlaufen.

Hier hat man die Möglichkeit, auf einer Stichloipe zum Aussichtspunkt Waldgaststätte **Iberger Albertturm** zu gelangen. Eine Attraktion dieser Gaststätte sind Schneeballschlachten im Sommer, da der Wirt den Schnee in frostsicheren Schächten bis in den Hochsommer gefroren hält. Die eigentliche Hasenbergloipe führt von der „Spinne" jedoch nicht zum Albertturm, sondern zum **Hasenberg** (572 m), auf dem man den höchsten Punkt dieser Skiwanderung erreicht.

Dann geht es in nordöstlicher Richtung weiter bis zu einer Weggabelung. An diesem Punkt muß man sich für eine von zwei Varianten entscheiden. Einerseits kann man von hier aus in westlicher Richtung weiter laufen und trifft am Wegekreuz Keller auf einen nicht maschinell gespurten Skiwanderweg, der an die Bromberg-Loipe anschließt, oder läuft in einem weiten Bogen zurück in Richtung **Wildemann**. Andererseits kann man an der Weggabelung in östlicher Richtung weiterlaufen, wo man nach kurzer Zeit die Försterwiese erreicht, bevor man nach leichter Abfahrt vom Gallenberg wieder am Ausgangspunkt ankommt.

► **Einkehrtip**
Waldgaststätte Iberger Albertturm (Fr Ruhetag), Tel.: 0 53 27/15 35

4 Lautenthal

Gesamtlänge:	7 km (eine Loipe)
Loipenhöhen:	450–600 m
Schwierigkeit:	mittelschwer
Ski alpin:	Übungshang und Liftanlage an der Teufelswiese
Information:	Fremdenverkehrsverein Lautenthal,
	Handleherstraße 43, 38685 Lautenthal,
	Tel.: 0 53 25/42 62

Wenn man von Wildemann in Richtung Langelsheim fährt, erreicht man nach wenigen Kilometern Lautenthal, die 1538 gegründete freie Bergstadt, die durch Funde von Silbererzen zu Wohlstand kam. Bei guter Schneelage bieten sich dem Wintersportler in dem Luftkurort eine schöne Loipe am Brombergskopf und ein alpiner Übungshang an der Teufelswiese mit einer Liftanlage, die auf einer Länge von 250 m einen Höhenunterschied von 60 m überwindet.

1 **Bromberg-Loipe (Rundkurs)**
Einstieg: Parkplatz Sternplatz an der Straße zwischen Seesen und Lautenthal
Streckenlänge: 7 km
Profil: Gesamtsteigung 130 m
Anschluß: über einen Skiwanderweg

Spuren verraten die Anwesenheit vieler Tierarten im Winterwald.

Anschluß an die Loipen von Wildemann
Bewertung: mittelschwere Loipe für
ausdauernde Skilangläufer

Vom Parkplatz am **Sternplatz** läuft
man zunächst auf einer Forststraße
in südöstlicher Richtung, bis man zu
einer Wegekreuzung kommt. Hier
biegt die Spur links ab und steigt
direkt hoch zum **Brombergskopf**
(593 m). An dem folgenden Wegekreuz läuft man geradeaus weiter

und erreicht nach einiger Zeit den
Wendepunkt der Bromberg-Loipe.
Wer von hier aus in südlicher Richtung weiterläuft, erreicht auf einem
Skiwanderweg, der über den Futter-
platz und Stundenbuche (616 m)
führt, nach ca. 4,5 km die Hasenbergloipe von **Wildemann**. Die
eigentliche Bromberg-Loipe führt in
östlicher Richtung auf kurven- und
abwechslungsreicher Strecke am
Hang des Brombergskopfes zurück
zum Ausgangspunkt am Sternplatz.

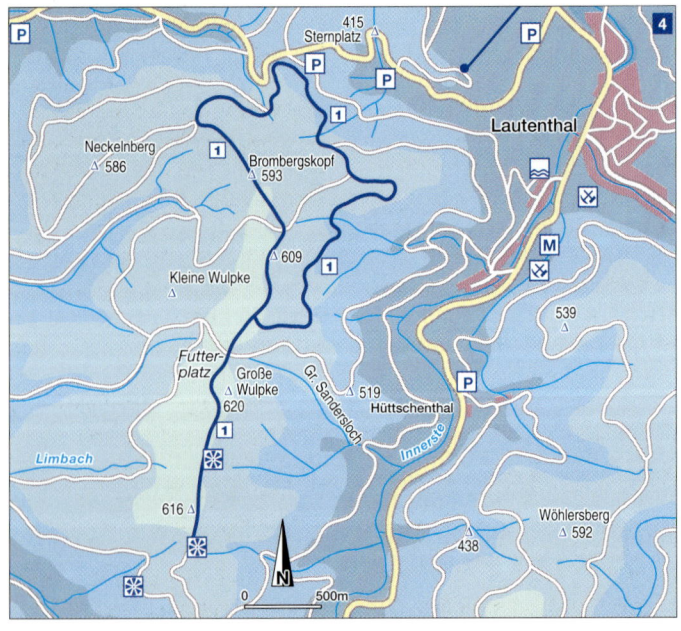

5 Hahnenklee-Bockswiese

Gesamtlänge:	7,5 km (eine Loipe)
Loipen auf:	525–605 m
Schwierigkeit:	leicht
Ski alpin:	Seilbahn, zwei Schlepplifte und 5 km Piste am Bocksberg
Information:	Kurverwaltung Hahnenklee, Kurhausweg 7, 38644 Goslar-Hahnenklee, Tel.: 0 53 25/5 10 40, Fax: 0 53 25/51 04 20

Auf einem sonnenoffenen Hochplateau auf 600 m Höhe, fernab der großen Durchgangsstraßen, liegt Hahnenklee-Bockswiese. Der 727 m hohe Bocksberg ist eines der Zentren für alpinen Skisport im Harz. Eine Kabinenseilbahn, zwei Doppelschlepplifte und 5 km präparierte Piste stehen dem Skiläufer oder Snowboarder, sowohl Anfänger als auch Fortgeschrittener, zur Verfügung. Eine Beschneiungsanlage ist in Vorbereitung. Skiwanderer können sich auf

einer Gesamtlänge von 23 km durch die verschneiten Wälder bewegen. Eine Natureislaufbahn im Kurpark und viele geräumte und gestreute Wanderwege runden das vielfältige Wintersportangebot ab. Empfehlenswert ist ein Besuch der Gustav-Adolf-Kirche, die den nordeuropäischen Stabkirchen nachempfunden ist. Sie wurde zwischen 1907 und 1908 ganz aus Holz gebaut, und ihre Innenkonstruktion hält auch ohne Schrauben und Nägel.

1 **Schulberg-Loipe (Rundkurs)**
Einstieg: am Hotel Waldgarten
Streckenlänge: 7,5 km
Profil: Gesamtsteigung 80 m
Bewertung: leicht

Die Schulberg-Loipe startet hinter dem Hotel Waldgarten und führt zunächst in nordöstlicher Richtung in das schöne und abwechslungsreiche Waldgebiet zwischen Hahnenklee und **Lautenthal**. Sie beschreibt mehrere Schleifen, bevor sie ihren Wendepunkt oberhalb Lautenthals erreicht und dann wieder nach **Hahnenklee** zurückführt.

Die Gustav-Adolf-Kirche in Hahnenklee, eine nordische Stabkirche.

6 Bad Grund

Gesamtlänge:	13 km (eine Loipe)
Loipenhöhen:	450 m
Schwierigkeit:	leicht bis mittelschwer
Ski alpin:	Übungshang im Teufelstal
Sport/Freizeit:	Hallenbad im Kurzentrum, Uhrenmuseum, Bergbaumuseum
Information:	Kurbetriebsgesellschaft Bad Grund mbH, Elisabethstraße 1, 37539 Bad Grund, Tel.: 0 53 27/70 07-0, Fax: 0 53 27/70 07 70

Am Westrand des Harzes liegt die älteste der sieben Oberharzer Bergstädte, die bereits 1317 als Waldarbeitersiedlung erwähnt wurde. In einem Seitental befindet sich das Erzbergwerk „Hilfe Gottes", das bis 1992 in Betrieb war und in dem Blei, Zink, Kupfer und Silber gewonnen wurden. Eine Besonderheit stellen der Winterberg und der Iberg dar, beide bestehen aus reinem Kalkstein und sind Überreste eines Korallenriffes, das vor über 350 Millionen Jahren entstand. Durch kohlensäurehaltige Sickerwässer entstanden hier Tropfsteinhöhlen, die heute zum Teil für Besucher zugänglich sind (Iberger Tropfsteinhöhle) oder aber in dem riesigen Kalksteinbruch am Winterberg nach und nach zerstört werden. Ein weiteres Ausflugsziel ist der Hübichenstein, benannt nach dem Zwergenkönig Hübich, um den sich viele Sagen ranken. Seit mehr als 100 Jahren ist

Eiskristalle – zauberhafte Details eines Winterbaches.

Bad Grund Kurort und Moorheilbad. Das Kurzentrum mit einem Sole-Hallenbad ist ein idealer Ort, um sich nach einer anstrengenden Skiwanderung zu entspannen. Weitere Ziele an einem Ruhetag sind das Uhrenmuseum mit einer interessanten Sammlung und das Bergbaumuseum. Alpine Skiläufer finden einen Übungshang im Teufelstal ganz in der Nähe des Parkplatzes an der Tropfsteinhöhle.

1 Kreuzbach-Loipe (Rundkurs)

Einstieg: Parkplatz Taternplatz an der B 242 in Richtung Clausthal-Zellerfeld
Streckenlänge: 13 km
Profil: Gesamtsteigung 150 m
Anschluß: an die Innerstetal-Loipe von Clausthal
Bewertung: leicht bis mittelschwer

Vom Taternplatz aus läuft man auf dem Kreuzbachweg zunächst in Richtung Osten und gelangt bald in das **Kreuzbachtal**. Die Loipe verläuft am Hang ohne nennenswerte Höhenunterschiede, quert den Kleinen und Großen Kreuzbach, der unterhalb zum Kreuzbacher Teich aufgestaut wird, und beschreibt danach mehrere Bögen, bevor man oberhalb von **Silbernaal** den Wald verläßt und auf die Halden und Steinbrüche der ehemaligen Bleihütte trifft. Nach einem weiteren Bogen im Bachtal des Paulwassers kommt man zur Innerste und erreicht bald darauf das **Gasthaus Untere Innerste**. Hier besteht eine Anschlußmöglichkeit an die Clausthaler Loipe Innerstetal. Die Kreuzbachloipe führt vom Gasthof aus in westlicher Richtung durch den Wald hinauf zum Wegekreuz **Kayserseiche** (570 m), wo sich eine Köte (Schutzhütte) befindet, und weiter zum **Gewitter-Platz** (557 m). Die Spur führt auf einer Forststraße leicht abfallend um den Eichelberg, wendet sich dann nach Westen, und man erreicht die **Bremer Hütte** (488 m). An den Hotels Schönhofsblick und Waldwinkel vorbei geht es dann zurück zum Ausgangspunkt.

▶ **Einkehrtip**
Gasthof Untere Innerste,
Tel.: 0 53 23/8 42 00

7 Schulenberg

Gesamtlänge:	10 km (eine Loipe)
Loipen auf:	480 – 670 m
Schwierigkeit:	mittelschwer
Ski alpin:	fünf Pisten, zwei Schlepplifte am Großen Wiesenberg
Sport/Freizeit:	Hallenbad, Tennishalle
Information:	Kurbetriebsgesellschaft „Die Oberharzer" mbH, Kurgeschäftsstelle Schulenberg, Wiesenbergstraße 16, 38707 Schulenberg, Tel.: 0 53 29/8 48, Fax: 0 53 29/8 49

Durch den Bau der Okertalsperre versank Schulenberg 1954 in den Fluten der Oker. Den Bewohnern errichtete man auf dem sonnigen Hang am Wiesenberg ein neues Zuhause. So wurde aus der alten Bergmanns- und Waldarbeitersiedlung ein moderner Ferienort. Ein Hallenbad mit Sauna und Solarium, eine Tennishalle und Kegelbahnen ermöglichen auch an Schlechtwettertagen die sportliche Betätigung. Skiwanderer finden hier eine abwechslungsreiche Landschaft mit Wiesen, Wäldern, Erzhalden und vielen schönen Aussichtspunkten, nicht nur hinunter auf den Okerstausee. Im Winter kommen vor allem die alpinen Skiläufer nach Schulenberg. Sie besuchen das Skialpinum am Großen Wiesenberg (646 m). Zwei Schlepplifte, fünf Pisten und eine Beschneiungsanlage lassen hier wenig Wünsche offen.

1 Schulenberger Loipe (Rundkurs)

Einstieg: Skiwiese in Schulenberg
Streckenlänge: 10 km
Profil: Gesamtsteigung 190 m
Bewertung: mittelschwer

Vom Startpunkt aus verläuft die Loipe zunächst über ein Wiesengelände, in dem auch nur ein kleiner Rundkurs absolviert werden kann. Sobald der Wald erreicht ist, läuft man leicht ansteigend in das **Alte Tal** hinein und anschließend um den Altetalskopf herum, der bei gutem Wetter eine sehr schöne Aussicht bietet. Bald darauf erreicht man eine Wegkreuzung, an der sich eine Schutzhütte befindet. Die Loipe führt von hier aus in einer großen Schleife um den Kamm des Kleintalsberges (677 m) herum. Zurück nach **Schulenberg** läuft man dann von der Schutzhütte in derselben Spur durch das Alte Tal wieder hinab. Bei gutem Wetter lohnt sich ein Abstecher zur **Schalke** (762 m), wo sich ein Aussichtsturm befindet. Dorthin, ca. 2 km, verläuft jedoch keine maschinell gespurte Loipe. Die Schalke ist weithin an den Sendeanlagen erkennbar.

Die verdiente Rast am Ende einer Skitour.

Loipengebiet
Nationalpark Harz
und Hochharz

8 Loipengebiet Torfhaus

Gesamtlänge:	40 km
Loipen auf:	16 km
Loipenhöhen:	330 – 900 m
Schwierigkeit:	überwiegend mittelschwer
Ski alpin:	Zwei Skilifte (Länge 600 m, Höhenunterschied 70 m)
Information:	Nationalpark Harz, Oderhaus, 37444 St. Andreasberg, Tel.: 0 55 82/91 89-0, Fax: 0 55 82/91 89-19

Der 811 Meter hoch gelegene Ortsteil von Altenau an der Bundesstraße 4 reicht in seinen Anfängen bis ins 18. Jahrhundert zurück, als man in den umliegenden Mooren begann, Torf abzubauen. Über die Grenzen hinaus bekannt wurde Torfhaus, nachdem Goethe von hier aus am 10. Dezember 1777 in Begleitung von Torfhaus-Förster Degen zu seiner ersten Brockenbesteigung aufbrach. In der Zeit des eisernen Vorhangs, als der Brocken sowohl von West- als auch von Ostdeutschland für die Allgemeinheit nicht zugänglich war, wurde Torfhaus wegen der herrlichen Aussicht auf den 5,5 km entfernten Berg für viele Harzbesucher zum „Ersatzbrocken". Heute ist Torfhaus wieder Ausgangspunkt für eine Brockenwanderung auf dem bekannten Goetheweg. Skilangläufer finden in Torfhaus die Einstiege zur Bad Harzburger Loipe, zur Loipe Torfhaus-Dreieckiger Pfahl und zur Verbindungsloipe Torfhaus – Altenau – Stieglitzecke. Neben einer Rodelbahn am Großparkplatz gibt es in Torfhaus auch zwei Skilifte und einige Verleiher für Ski, Skischuh und Schlitten. Mehrere Hotels und Gasthäuser sowie zwei Schullandheime und eine Jugendherberge sorgen für Unterkunft und Verpflegung. Für Jung und Alt gleichermaßen lohnend ist ein Besuch des neuen Nationalparkhauses in Torfhaus, gegenüber dem Großparkplatz. Eine Ausstellung und eine Tonbildschau vermitteln Ihnen faszinierende Einblicke in die Natur des Harzes. Aktuelle Wetter- und Wintersportinformationen sowie vertiefende

Informationsbroschüren über den Nationalpark werden für Sie bereit gehalten. Auf Anfrage werden geführte Skiwanderungen in den Nationalpark organisiert. Der Besuch des Nationalparkhauses ist kostenfrei.

Emissionsbelastungen durch den Individualverkehr gehören zu den großen Umweltproblemen der Gegenwart - auch in den Nationalparken Harz und Hochharz. Sie werden erstaunt sein, wie entspannend es sein kann, Ihren Pkw am Hotel stehen zu lassen und die guten Busverbindungen zu nutzen, um an Ihr Wintersportziel zu gelangen.

Der Skibus

Ein besonders attraktives Angebot ist der Skibus, der zwischen Bad Harzburg und Torfhaus pendelt. Die Verkehrsgemeinschaft Harz und die Deutsche Bundesbahn haben auf dieser Strecke für die Ski-Wochenenden einen besonderen Zubringerdienst eingerichtet. An welchen Wochenenden die Skibusse verkehren, erfahren Sie schon bei der Anfahrt auf der B 4 in Bad Harzburg durch Transparente. Zwischen Bad Harzburg (Haltepunkt Seilbahn) und Torfhaus fahren die Busse Sa u. So von 9 – 17 Uhr im Pendelverkehr. Reservierungen für Gruppen sind über Tel.: 0 53 22/5 20 17 möglich. Diese Fahrt ist für Kinder kostenlos, Erwachsene zahlen für Hin- und Rückfahrt DM 5,– oder für die einfache Fahrt DM 3,50. Sollten Sie den letzten Pendelbus ab Torfhaus nicht mehr erreichen, gilt die gelöste Karte auch für den normalen Linienverkehr der KVG.

1 Loipe Torfhaus – Bad Harzburg

Einstieg: Torfhaus; für die Teilstrecke Molkenhaus bei Bad Harzburg

Anfahrt: Bus: Linie 63 Bad Harzburg–Braunlage, Haltepunkt Torfhaus; an den Wochenenden Skibus-Pendelverkehr zwischen Bad Harzburg und Torfhaus nach Ankündigung an der B 4 in Bad Harzburg; Pkw: B 4 (Großparkplatz Torfhaus)
Streckenlänge: 16 km; Teilstrecke Torfhaus – Molkenhaus 8 km, Teilstrecke Molkenhaus – Bad Harzburg 8 km
Profil: lange, z.T. steile Abfahrten wechseln mit flachen Passagen; Gesamtsteigung bzw. Gefälle 540 m
Besonderheiten: Der Abschnitt

Molkenhaus – Bad Harzburg hat einige schwierige Passagen und wird nur bei guter Schneelage unterhalten
Anschluß: ab Torfhaus: Loipe Torfhaus – Dreieckiger Pfahl, Verbindungsloipe Torfhaus – Altenau – Stieglitzecke
Bewertung: mittelschwere Loipe

Der Loipeneinstieg befindet sich in **Torfhaus** unmittelbar an der B 4, und zwar genau dort, wo gegenüber die L 504 nach Altenau abzweigt. Von der Bushaltestelle bzw. dem Großparkplatz folgt man zunächst der B 4 in Richtung Braunlage. Das

Auf dem Goetheweg – die Luisenklippen.

Loipentor linker Hand am Waldrand ist – sofern nicht allzu starker Nebel herrscht – weithin sichtbar. Um nach Bad Harzburg zu gelangen, muß man kurz hinter dem Loipentor nach links auf den Torfmoorweg abbiegen. Vorbei am alten Torfstich des **Radauer-Born-Moors** – hier entspringt übrigens die Radau, deren Wasser man an der B 4 bei Bad Harzburg schon vor 130 Jahren zu einem Kunstwasserfall aufgestaut hat – führt die Loipe zunächst leicht bergan, um dann mit beachtlichem Gefälle vorbei am Schubenstein, einem in dichtem Fichtenwald versteckten Granitfelsen, auf den **Kaiserweg** zu stoßen (der Rechtskurve folgen und dann links halten). Der Kaiserweg ist ein uralter Handelsweg, der jahrhundertelang die kürzeste Verbindung zwischen Norddeutschland und Thüringen bildete. 1073 diente die ursprünglich „Heidenstieg" genannte Route Kaiser Heinrich IV. als Fluchtweg vor den aufständischen Sachsen, die den Kaiser damals aus der belagerten Harzburg vertrieben hatten.

Auf den nächsten Kilometern folgen wir diesem geschichtsträchtigen Weg, der lange Zeit auch dem Erztransport diente. Zunächst geht es dabei wieder deutlich bergab, vorbei am Abbenstein, einem weiteren markanten Granitgebilde, bis nach rund 4 Kilometern genußvoller Laufstrecke

in mehr oder minder ebenem Gelände das **Molkenhaus** erscheint, eine traditionsreiche Nationalpark-Waldgaststätte, die soeben Ihren 175. Geburtstag feierte und zu einer zünftigen Einkehr lädt.

Von hieraus geht es nur bei wirklich guter Schneelage weiter über Tiefe Kohlstelle, **Rabenklippe** (vom gleichnamigen Wirtshaus bietet sich ein imposanter Blick über das tief eingeschnittene Eckertal zum Brocken) und Uhlenklippe durch das Stübchental nach **Bad Harzburg.** Bei nicht ausreichender Schneelage steht Ihnen als Alternative der Rückweg auf der Harzburger Loipe nach Torfhaus offen, oder Sie laufen, soweit die Schneelage es zuläßt, auf dem Skiwanderweg durch das Kalte Tal Richtung Bad Harzburg und tragen den letzten Streckenabschnitt. Besonders empfehlenswert ist ein Besuch der Harzburger Loipe an Wochenenden mit Skibus-Pendelverkehr zwischen Bad Harzburg und Torfhaus. Wer unangenehme Wartezeiten durch Staus am berüchtigten Torfhausberg und das nicht immer risikolose Befahren der B 4 (generell nur mit Winterausrüstung empfehlenswert!) vermeiden möchte, sollte in Bad Harzburg unbedingt in den Skibus umsteigen. Wer später vom Molkenhaus auf dem Skiwanderweg durch das Kalte Tal nach Bad Harzburg abfährt, gelangt zum Parkplatz an der Skibus-Haltestelle.

▶ Einkehrtip

Waldgaststätte Molkenhaus (km 8), Tel. 0 53 22/5 10 10; vier Gasthäuser und zwei Kioske in Torfhaus

2 Loipe Torfhaus – Dreieckiger Pfahl

Einstieg: Torfhaus an der B 4; die Loipe ist auch vom Parkplatz Ehrenfriedhof an der B 4 oder von Oderbrück erreichbar

Anfahrt: Bus: Linie 63 Bad Harzburg–Braunlage, Haltepunkt Torfhaus; an den Wochenenden Skibus-Pendelverkehr zwischen Bad Harzburg und Torfhaus nach Ankündigung an der B 4 in Bad Harzburg, Haltepunkt Ehrenfriedhof, Haltepunkt Oderbrück;
Pkw: B 4 (Großparkplatz Torfhaus, Parkplatz Ehrenfriedhof, Parkplatz Oderbrück)

Streckenlänge: 14 km

Profil: überwiegend eben mit leichten Anstiegen und Abfahrten; Gesamtsteigung 170 m

Besonderheiten: Aussichtspunkt Dreieckiger Pfahl, Informationstafeln am Abbegraben, am Quitschenberg und am Eckersprung

Anschluß: ab Torfhaus: Loipe Torfhaus – Bad Harzburg, Verbindungsloipe Torfhaus – Altenau – Stieglitzecke;

ab Dreieckiger Pfahl: Rote-Bruch-Loipe;
ab Eckersprung: Königsberger Loipe

Bewertung: relativ einfache, allerdings oft recht stark belaufene Loipe mit interessanten Sehenswürdigkeiten, nur selten für den ungestörten Naturgenuß geeignet

Der Loipeneinstieg befindet sich in **Torfhaus** unmittelbar an der B 4, und zwar genau dort, wo gegenüber die L 504 nach Altenau abzweigt. Von der Bushaltestelle bzw. dem Großparkplatz folgt man zunächst der B 4 in Richtung Braunlage. In Richtung Dreieckiger Pfahl biegt man hinter dem gut sichtbaren Loipentor nach rechts auf den Goetheweg in Richtung Brocken ab. Zunächst führt die Loipe durch einen Fichtenwald, doch schon nach wenigen hundert Metern lichtet dieser sich, und man steht vor einer großen leicht aufgewölbten Freifläche, dem Großen Torfhausmoor, auch **Radauer-Born-Moor** genannt. Es ist eines der größten Hochmoore des Harzes. Die Mächtigkeit der Torfschicht beträgt hier mittlerweile über 5 m, eine im Harz selten erreichte Höhe.
Im Hintergrund thront keine 5 Kilometer entfernt der höchste Berg des Harzes, der 1140 m hohe Brocken, sofern er sich nicht gerade in Nebel hüllt. Unmittelbar hinter dem Len-

kungsgatter, das die empfindliche Hochmoorvegetation vor dem Betreten schützen soll, findet man so seltene Pflanzen wie den Sonnentau oder die Zwergbirke, eine Pflanze, die als echtes Eiszeitrelikt gilt.

Nur wenige Meter oberhalb der Loipe begleitet uns von nun an ein kleines Gewässer, das sichtlich von Menschenhand angelegt ist. Es handelt sich um den **Abbegraben**, ein über 1,5 km langer Graben, der Bestandteil des Oberharzer Wasserwirtschaft ist. Um Konflikte mit den auch im Winter zahlreichen Brockenwanderern zu vermeiden, überwindet die Loipe neuerdings auf einer kleinen Brücke den Abbegraben und führt im Rechtsbogen durch Fichtenhochwald zum Kaiserweg. Hier wenden wir uns erst nach links, schwenken aber schon nach 50 Metern wieder auf den Goetheweg nach rechts hinauf zum **Quitschenberg**. Wer weiter auf dem Kaiserweg läuft, stößt nach

1,5 km langer Abfahrt auf die Loipe Torfhaus−Bad Harzburg.

Früher, möglicherweise noch zur Zeit Goethes, wuchsen auf dem Quitschenberg viele Ebereschen, die ein echter Harzer „Quitschen" nennt. Weil der Harzer Bergbau Unmengen an Holz verschlang, wurden sie – wie die meisten Laubbäume im Oberharz – gerodet und durch schnell wachsende Fichten ersetzt. Heute ist der Fichtenwald auf weiten Flächen abgestorben. Er ist dem Buchdrucker, einer Borkenkäferart, zum Opfer gefallen, die sich begünstigt durch die trockenen, warmen Sommer der letzten Jahre – vielleicht schon Vorboten einer menschlich verursachten Klimaerwärmung – massenhaft vermehren konnte. Die durch den „Sauren Regen" stark geschwächten Fichten hatten keine Abwehrkräfte mehr – sie waren ein gefundenes Fressen für den Buchdrucker. Doch neuer Wald wächst bereits wie-

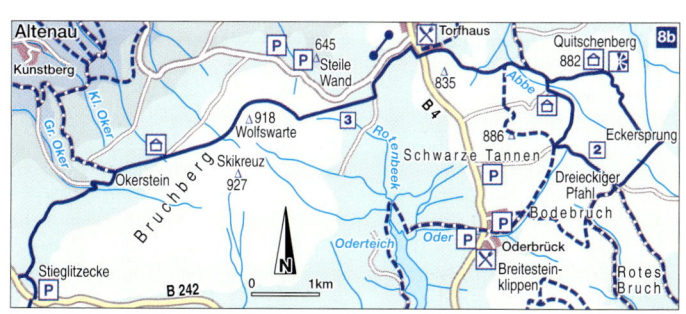

der unter den kreuz und quer übereinanderliegenden Stämmen heran. Wer genau hinsieht, bemerkt bei nicht allzu hoher Schneelage sogar im Winter eine Vielzahl kleiner Ebereschen, die gerade dabei sind, sich „ihren" Berg zurückzuerobern.

Die Informationstafeln auf dem Quitschenberg geben Ihnen Einblick in die fatalen Auswirkungen von Luftverschmutzung und Borkenkäfervermehrungen auf Waldökosysteme. Sie zeigen auch die Möglichkeiten und Grenzen einer natürlichen Waldentwicklung im Nationalpark.

Weiter bis zur Rasthütte am **Eckersprung** geht es nur noch kaum merklich bergan. Gleich links hinter der großen Informationstafel liegt die gurgelnde Quelle der Ecker, deren Wasser man etwas weiter nördlich zum Eckerstausee aufgestaut hat. Hinter dem Eckersprung kommen wir aus dem dichten Wald heraus und finden uns auf einer weiten Kahlschlagfläche wieder, die noch aus alten DDR-Zeiten stammt. Tatsächlich – hier verlief die deutsch-deutsche Grenze; hier endete damals der Goetheweg. Heute führt der neue Goetheweg die Wanderer wieder in großen Scharen entlang des Gleisbetts der Brockenbahn auf den höchsten Harzgipfel. Wir werden jedoch der Anziehungskraft des Brockens nicht erliegen – zumal auch keine

geeignete Trasse für Skilangläufer auf den Berg führt, und biegen nach rechts ein in den alten Kolonnenweg, der nach einem knappen Kilometer Wegstrecke mit kurzen sportlichen Abfahrten und Anstiegen zum **Dreieckigen Pfahl** (in der Nähe Toilettenhäuschen) führt.

Von hier geht es auf der Schierker Straße zurück Richtung **Torfhaus**. Am Brockenfeldmoor biegt die Loipe scharf rechts ab und führt vorbei an den Hopfensäcken, einem markanten Granitfelsen, zunächst in mäßigem, später nur noch leichtem Gefälle zurück auf den Goetheweg nach Torfhaus. Wer übrigens am Brockenfeldmoor die Abzweigung verpaßt hat, kann seinen Irrtum wenig später an der Kreuzung von Kaiserweg und Schierker Straße korrigieren. Hinter der Schutzhütte rechts führt eine weitere Spur zurück Richtung Torfhaus. Wer links abbiegt, gelangt auf dem Kaiserweg nach **Oderbrück**.

▶ **Einkehrtip**
Vier Gasthäuser und zwei Kioske in Torfhaus

3 **Verbindungsloipe Torfhaus – Altenau – Stieglitzecke**
Einstieg: Torfhaus an der B 4/L 504, Parkplatz am Rinderkopf; Altenau; Stieglitzecke an der Harzhochstraße B 242

Anfahrt: Bus: Linie 63 Bad Harzburg – Braunlage, Haltepunkt Torfhaus; Linie 2445 Clausthal – Zellerfeld – St. Andreasberg bzw. 2432 Goslar – St. Andreasberg, Haltepunkt Stieglitzecke;
Pkw B 4/L 504 (Torfhaus), B 242 (Stieglitzecke)
Streckenlänge: 6 bzw. 8 km
Profil: lange, teilweise auch steile Anstiege und Abfahrten, Gesamtsteigung 150 m bzw. 260 m, in Gegenrichtung von Altenau nach Torfhaus ca. 400 m
Besonderheiten: Aussichtspunkt Wolfswarte, nach Stieglitzecke ab

Okersteine 400 m Tragestrecke bis Philippsbrücke
Anschluß: ab Stieglitzecke: Acker-Loipe;
ab Altenau: Langlaufloipe Tischlertal, Langlaufloipe Mühlenberg
Bewertung: mittelschwere Loipe für anspruchsvolle Läufer mit schöner Aussicht von der Wolfswarte

Diese ebenso landschaftlich reizvolle wie läuferisch anspruchsvolle Langlaufloipe verbindet Torfhaus nicht nur mit dem Loipennetz von Altenau, sondern stellt darüber hinaus den Anschluß zur Acker-Loipe her.

Auf dem Ouitschenberg.

Vom Parkplatz am Rinderkopf in **Torfhaus** führt die Loipe auf der gegenüberliegenden Straßenseite zunächst bergab, um wenig später auf den Bohlweg einzuschwenken. Schon nach kurzem Anstieg (ca. 100 m) zweigt hier die Verbindungsloipe Torfhaus – Altenau – Stieglitzecke rechts ab und führt unter der Lichtleitung in starkem Anstieg Richtung **Wolfswarte** (918 m). Wer geradeaus weiterläuft, erreicht nach gut 2,5 km den **Oderteich** und gelangt auf die Verbindungsloipe Oderbrück – Sonnenberg.

Zurück zur Wolfswarte, die sich, wie viele Harzkenner aus der Vergangenheit wissen, noch bis vor wenigen Jahren in geschlossenen Fichtenwald hüllte. Infolge des „Sauren Regens", der durch extrem warme Sommer begünstigten Borkenkäfervermehrung sowie mehreren Sturmwürfen ist dieser in den letzten Jahren mehr und mehr einem lichten Pionierwald aus Eberesche, Birke und Fichte gewichen. Die abgestorbenen, zum Teil stehenden oder bereits umgefallenen Fichtenstämme machen zwar einen gespenstischen Eindruck, doch ihr Verbleib ist eine elementare Voraussetzung für die Wiederbewaldung der Bergkuppe, die aufgrund der hier herrschenden extremen Klimabedingungen nur sehr langsam voranschreitet.

Ein kurzer Abstecher auf die Quarzitblockhalde des Gipfels (918 m) lohnt besonders bei gutem Wetter, bietet sich doch von hier oben eine herrliche Aussicht über den Westharz. Auf der folgenden Abfahrt vorbei an der Rasthütte Wilde Sau können sich die vom Anstieg arg strapazierten Muskeln wieder erholen. An der Abzweigung **Okersteine** muß man sich spätestens entscheiden: Will man weiter ins Tal nach **Altenau** (2,5 km) abfahren, muß man sich hier rechts halten. Wer weiter Richtung **Stieglitzecke** läuft, muß zunächst die Große Oker überqueren, die sich hier tief ins quarzithaltige Grundgestein eingekerbt hat. Um auf die andere Seite des Wildbaches zu gelangen, muß man die Ski abschnallen und ca. 400 m steil bergab bis zur **Philippsbrücke** (680 m) tragen. Von hier führt die Loipe steil bergauf zur Branderklippe (765 m), um dann auf dem letzten Kilometer bis nach Stieglitzecke nur noch kaum merklich anzusteigen. Wer dort angekommen ist und die dreispurige B 242 überquert hat (bitte äußerste Vorsicht!), kann sich bei genügend Ausdauer noch einen schönen Nachmittag auf der Acker-Loipe (13 km) machen.

▶ **Einkehrtip**

Vier Gasthäuser und zwei Kioske in Torfhaus

9 Loipengebiet Oderbrück

Gesamtlänge:	20 km
Längste Loipe:	7 km
Loipen auf:	730–880 m
Schwierigkeit:	mittelschwer
Information:	Nationalpark Harz, Oderhaus,
	37444 St. Andreasberg,
	Tel.: 0 55 82/91 89-0, Fax: 0 55 82/91 89-19

Der Skihüttenort Oderbrück liegt 3 km südlich von Torfhaus an der B 4 in 790 m Höhe. Bereits im Mittelalter wurde hier eine Brücke über die Oder gebaut, deren Quelle nur 2 km entfernt liegt. Bereits 1807 wird nahe der Brücke von einem einzeln im Walde liegenden Wirtshaus berichtet. Auch heute gibt es in Oderbrück neben zahlreichen von Skivereinen geführten Skihütten nur ein Hotel und Gasthaus unmittelbar am Parkplatz an der B 4. Hier finden sich auch die Einstiege zur Achtermannloipe. Auf der gegenüberliegenden Straßenseite findet man den Einstieg zur Verbindungsloipe nach Sonnenberg.

1 Achtermannloipe

Einstieg: Oderbrück, Königskrug (Parkplätze an der B 4)
Anfahrt: Bus: Linie 63 Bad Harzburg–Braunlage, Haltepunkt Oderbrück; Pkw: B 4
Streckenlänge: 7 km
Profil: vielfach eben mit steilerem Anstieg zur Achtermannshöhe; Gesamtsteigung 140 m
Besonderheiten: Aussichtspunkt Achtermannshöhe (925 m ü. NN)
Anschluß: Rote-Bruch-Loipe
Bewertung: mittelschwere Loipe durch landschaftlich reizvolle Fichtenwälder des Hochharzes

Den Loipeneinstieg markiert das weithin sichtbare Loipentor am Waldrand hinter der **Gaststätte Oderbrück**. Von hier geht es in südlicher Richtung zunächst leicht ansteigend vorbei an den Breitesteinklippen der Lichtleitung folgend Richtung **Königskrug**. Am Ende der rasanten Abfahrt nach Königskrug folgt auf die scharfe Linkskurve ein längerer Anstieg (ca. 1,5 km) zum dritthöchsten Harzgipfel, der **Achtermannshöhe** (925 m ü. NN). Der Berggipfel, eine waldfreie Hornfelskuppe, liegt ca. 300 m westlich von km 5 und bietet bei schönem Wetter einen besonders lohnenswerten Ausblick über die Fichtenwälder der Nationalparke Harz und Hochharz. Bizarre – oftmals wipfeltrockene – Baumgestalten des die Kuppe umgebenden Blockfichtenwaldes geben einen Eindruck von den rauhen Klimabedingungen im Hochharz.

▶ **Einkehrtip**

Gaststätte Oderbrück,
Tel.: 0 55 20/6 56

2 Verbindungsloipe Oderbrück – Oderteich – Sonnenberg

Einstieg: Parkplatz Oderbrück an der B 4; Parkplatz Oderteich an der B 242; Sonnenberg an der B 242
Streckenlänge: 5 km

Profil: hügelige Strecke mit wenigen steilen Anstiegen bzw. Abfahrten; Gesamtsteigung 170 m
Besonderheiten: Blick über den Oderteich
Anschluß: ab Sonnenberg: Rundkurs Sonnenberg, Rundkurs Schneewittchenklippen;
ab Oderteich: Skiwanderweg nach Torfhaus
Bewertung: landschaftlich reizvolle, mittelschwere Loipe

Die Loipe führt von **Oderbrück** bergab ein Stück weit entlang der Oder und wendet sich dann nach Norden zum Stauwurzelbereich des **Oderteiches**. Hinter der kleinen Brücke über die Rotenbeek zweigt rechts der häufig als Loipe präparierte Skiwanderweg nach **Torfhaus** (3,5 km) ab.
Wir wenden uns nach links und folgen der Loipe durch urwüchsige Fichtenwälder entlang des hier stark mäandrierenden Bergbaches, bis dieser schon nach wenigen hundert Metern in den Oderteich mündet. Weiter geht es am Westufer des Oderteiches entlang, von dem wir hier und dort, wo der Wald sich etwas lichtet, einen flüchtigen Blick erhaschen können, bis zur B 242. Der **Oderteich** ist der größte Bergbauteich im Harz. Er wurde zwischen 1714 und 1721 angelegt und blieb

für 150 Jahre die größte Talsperre Deutschlands. Der Erzbergbau, bis zum Beginn des 20. Jahrhunderts die wichtigste Erwerbsquelle der Harzer, konnte ohne Wasserkraft nicht bestehen. Das Wasser des Oderteiches wurde über den 7,2 km langen Rehberger Graben nach St. Andreasberg geführt, wo es als Aufschlagswasser für die riesigen Wasserräder in den Bergwerken benötigt wurde. Wer sich eine Pause gönnt und die 18 m hohe Staumauer besichtigt, erhält nicht nur einen Eindruck von der Tatkraft und dem Erfindungsgeist vergangener Generationen, sondern erfährt anhand mehrerer Informationstafeln Wissenswertes über die Technik des historischen Bauwerks. Auf der Weiterfahrt folgen wir dem Loipenverlauf an der B 242 nach rechts und erreichen nach knapp 1,5 km Laufstrecke parallel zur Straße die kleine Ansiedlung **Sonnenberg**.

Im Nationalpark begrüßen Loipentore die Skilangläufer.

10 Loipengebiet Königskrug

Gesamtlänge:	20 km
Längste Loipe:	13 km
Loipen auf:	700–875 m
Schwierigkeit:	mittelschwer
Information:	Nationalpark Harz, Oderhaus,
	37444 St. Andreasberg,
	Tel.: 0 55 82/91 89-0, Fax: 0 55 82/91 89-19

Der Skihüttenort Königskrug (754 m ü. NN) liegt an der B 4/242 ca. 3 km nordwestlich von Braunlage. Für Langläufer ist Königskrug eine Art Drehscheibe. Mit der Achtermann-Loipe und der Rote-Bruch-Loipe sowie der Brunnenbach-Loipe, die über den Skiwanderweg parallel zur Alten Harzburger Straße angebunden ist, trifft hier das Loipennetz des Nationalparks auf das der Nationalparkgemeinde Braunlage.

1 Rote-Bruch-Loipe

Einstieg: Königskrug (Parkplatz an der B 4)

Anfahrt: Bus: Linie 63 Bad Harzburg – Braunlage, Haltepunkt Königskrug; Pkw: B 4

Streckenlänge: 13 km

Profil: zumeist mäßige Anstiege und Abfahrten, steilerer Anstieg zur Achtermannshöhe; Gesamtsteigung 290 m

Besonderheiten: Aussichtspunkt Dreieckiger Pfahl (875 m ü. NN)

Anschluß: ab Dreieckiger Pfahl Loipe Torfhaus – Dreieckiger Pfahl und Königsberger Loipe

Bewertung: mittelschwere Loipe

durch landschaftlich besonders reizvolle Moorgebiete und Fichtenwälder
des Hochharzes

Von **Königskrug** vorbei am Achter-
manngipfel bis zu den BreiteSteinklippen ist die Rote-Bruch-Loipe iden-
tisch mit der Achtermann-Loipe, dann
trennen sich die Routen. Die Rote-
Bruch-Loipe zweigt unweit der Klippen rechts ab und wendet sich
zunächst in leichtem Gefälle, später
hangparallel nach Südosten, bis sie
auf den **Kleinen Bodeweg** stößt.
Von nun an folgen wir dem Bachbett
der Warmen Bode durch offene
Hochmoore und urwüchsige Moor-
fichtenwälder bis zur Quelle am
Bodebruch (Mooraussichtsplatt-
form). Seinem Namen gereicht das
kühle, felsenreiche Gewässer allerdings selbst im Hochsommer kaum
zur Ehre. Wegen der starken Strö-
mung bildet sich im Winter nur
während besonders strenger Frost-
perioden eine geschlossene Eisschicht,
die den Blick auf das huminsäurehal-
tige, bräunlich gefärbte Moorwasser
verschließt. Wer sich an der Abzweigung kurz unterhalb der Bodequelle
links hält, erreicht nach ca. 1,5 km
Laufstrecke **Oderbrück**. Weiter auf
der Rote-Bruch-Loipe ist nach wenigen hundert Metern der **Dreieckige**

Pfahl erreicht, wo Rastbänke bei
sonnigem Wetter zum Verweilen
einladen (in der Nähe Toilettenhäuschen). Der Dreieckige Pfahl ist eine
dreiseitige Steinsäule, die eine
1000jährige Grenze markiert. Heute
befindet sich der Stein auf der Grenze
zwischen Sachsen-Anhalt und Niedersachsen.
Wir folgen der **Großen Bodestraße**,
passieren den Abzweig in Richtung
Brocken und laufen entlang der ehemaligen Grenze abwärts Richtung
Braunlage. Am Bösen Hund bietet
eine Verbindungsloipe zum Kleinen
Bodeweg eine Abkürzungsmöglich-
keit nach Oderbrück beziehungsweise
eröffnet konditionsstarken Läufern
eine „Extra-Runde" um das Rote
Bruch (ca. 5 km). Etwa 1,5 km weiter
abwärts überquert die Loipe an der
Bärenbrücke (724 m, Schutzhütte)
zunächst die Große Bode und wenig
später an der Moosbrücke die **Kleine
Bode** (hier Abzweig nach Braunlage)
und erreicht im leichten Anstieg nach
rund 1 km die Achtermannloipe, auf
der Sie sich links halten, um wenig
später wieder zurück nach **Königskrug** zu gelangen.

▶ **Einkehrtip**
Gasthaus am Königskrug,
Tel.: 0 55 20/13 50

11 Loipengebiet Sonnenberg

Gesamtlänge:	17 km
Längste Loipe:	12 km
Loipen auf:	650–820 m
Schwierigkeit:	leicht bis mittelschwer
Ski alpin:	vier Skilifte, leichte bis schwere Abfahrten, Länge bis 600 m, Höhenunterschied bis 70 m
Information:	Nationalpark Harz, Oderhaus, 37444 St. Andreasberg, Tel.: 0 55 82/91 89-0, Fax: 0 55 82/91 89-19

Umgeben von Fichtenwäldern am Rande des Sonnenberger Moores liegt Sonnenberg (800 m ü. NN), Haupteinstieg der gleichnamigen 12-km-Loipe. Die Siedlung an der B 242 zählt nur wenige Häuser. Unweit der drei Parkplätze am Ort

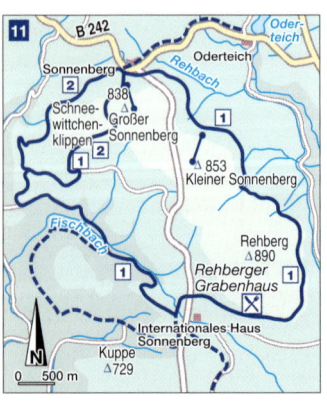

findet man neben dem traditionsreichen Sonnenberger Wegehaus, einem Forsthaus und einem Schullandheim auch zwei Gasthäuser, die zu Rast und Stärkung einladen. Mit der Loipe um die Schneewittchenklippen (5 km) steht neben der Sonnenberg-Loipe auch ein kürzerer Rundkurs zur Verfügung. Die Anbindung an das übrige Loipennetz im Nationalpark stellt die Verbindungsloipe Sonnenberg–Oderteich–Oderbrück her. Gerade fertiggestellt wurde das moderne Biathlonzentrum des Ortes, das internationalen Ansprüchen gerecht wird und Ausgangspunkt der Wettkampfstrecken ist. Auch alpine Skiläufer kommen am Großen Sonnenberg voll auf ihre Kosten. Mehrere Liftanlagen stehen hier zur Verfügung.

① **Rundkurs Sonnenberg**

Einstieg: Sonnenberg an der Harzhochstraße B 242; Dreibrodeparkplatz an der L 519 zwischen St. Andreasberg und Sonnenberg

Anfahrt: Bus: Linie 2455 Clausthal-Zellerfeld – St. Andreasberg bzw. 2432 Goslar – St. Andreasberg, Haltepunkte Sonnenberg und Internationales Haus Sonnenberg; Pkw: B 242 (Sonnenberg), L 519

(Dreibrodeparkplatz)

Streckenlänge: 12 km

Profil: lange, teilweise auch steile Anstiege und Abfahrten; Gesamtsteigung 240 m

Besonderheiten: schöne Aussicht vom Rehberger Planweg zur Achtermannshöhe und ins Odertal

Anschluß: ab Sonnenberg: Rundkurs Schneewittchenklippen, Verbindungsloipe Sonnenberg – Oderteich – Oder-

Biathlonzentrum am Sonnenberg – eine Brücke überquert die den Wettkämpfern vorbehaltene Loipe.

brück; ab Dreibrodeparkplatz: Verbindungsloipe Jordanshöhe zu den Rundkursen Oderberg und Beerberg, Rundkurs Waage
Bewertung: mittelschwere Loipe für anspruchsvolle Läufer

Vom Parkplatz **Sonnenberg** zum Loipeneinstieg an der L 519. Auf kurvenreicher Gefällstrecke verläuft die Loipentrasse zunächst vorbei am Skilift des Kleinen Sonnenbergs und folgt dann im ca. 1,5 km langen Anstieg dem Rehberger Planweg auf den Osthang des **Rehberges** (800 m). Hier öffnet sich der Blick über die Fichtenwälder des Hochharzes und das tief eingeschnittene Odertal mit seinen markanten Felshängen und Blockhalden. Es handelt sich dabei um die Überreste mehrerer Moränenstaffeln, die sich während der weichseleiszeitlichen Vergletscherung des Hochharzes gebildet haben. Damals erfüllte ein bis zu 80 m mächtiger Gletscher den Talboden des Odertals. Auf der folgenden Abfahrt zum **Internationalen Haus Sonnenberg** (707 m), einem Tagungszentrum mit internationalem Publikum, stehen mächtige Buchen am Wegesrand.
An der L 519 heißt es, Ski abschnallen und die Straße überqueren, um anschließend ohne große Mühen den tiefsten Punkt der Loipe im **Fisch-**

bachtal (650 m) anzusteuern. Auf dem nun beginnenden langen Anstieg, der fast bis nach Sonnenberg reicht, trennt sich die Spreu vom Weizen. Wer hier locker „durchziehen" kann, braucht keinen Respekt vor anderen Harzer Loipen zu haben. Eine anschließende Stärkung in den Gaststätten am Sonnenberg hat sich jedoch jeder verdient, der hier „irgendwie" durchgekommen ist.

▶ **Einkehrtip**
Gasthäuser am Sonnenberg; Nationalpark-Waldgaststätte Rehberger Grabenhaus (800 m östlich des Dreibrode-Parkplatzes an der L 519), Tel.: 0 55 82/7 89

2 Rundkurs Schneewittchenklippen
Einstieg: Sonnenberg an der Harzhochstraße B 242
Anfahrt: Bus: Linie 2455 Clausthal-Zellerfeld – St. Andreasberg bzw. 2432 Goslar – St. Andreasberg, Haltepunkt Sonnenberg; Pkw: B 242 (Sonnenberg)
Streckenlänge: 5 km
Profil: vielfach ebenes Gelände; Gesamtsteigung 80 m
Anschluß: Rundkurs Sonnenberg, Verbindungsloipe Sonnenberg – Oderteich – Oderbrück
Bewertung: leicht

12 Ackerhöhenzug

1 **Acker-Loipe**

Einstieg: Stieglitzecke an der Harz-hochstraße B 242 (Parkplatz und Bushaltestelle)

Anfahrt: Bus: Linie 2445 Clausthal-Zellerfeld – St. Andreasberg bzw. 2432 Goslar – St. Andreasberg; Pkw: B 242

Streckenlänge: 14 km

Höhenlage: 720–835 m

Profil: zumeist eben bis flach geneigt, steile Abfahrt zum Auer-hahnplatz; Gesamtsteigung 200 m

Besonderheiten: Blick auf Brocken, Achtermannshöhe, Rehberg und St. Andreasberg

Anschluß: Verbindungsloipe Sieber-Acker (6 km), Verbindungsloipe Lonau – Acker (6 km); ab Stieglitzecke: Verbindungsloipe Torfhaus – Bruchberg – Altenau; zum Loipennetz Altenau und zu den Harzburger Loipen

Bewertung: leichte bis mittelschwe-re Loipe mit vielen Aussichtspunkten

Die Acker-Loipe beginnt ca. 100 m oberhalb des Parkplatzes an der **Magdeburger Hütte**, einer großen Schutzhütte, und folgt zunächst der Ackerstraße, einer Forststraße, die hier nach Süden abzweigt. Nach ca. 1 km leichten Anstiegs ist

die Firsthöhe des insgesamt 8 km langen Bergzuges erreicht, dessen Name „**Auf dem Acker**" nichts mit Feldbau zu tun hat, sondern sich vom mittelhochdeutschen „agger" ablei-tet, was soviel wie Kamm oder Wall bedeutet. Traurige Berühmtheit erlangte der Acker durch das Abster-ben großflächiger Fichtenbestände in den 70er Jahren infolge „Sauren Regens". Bizarre, aschgraue Baum-leichen prägen auch heute noch den Charakter der Landschaft, insbeson-dere auf der niederschlagsreichen Luvseite des Bergkammes. Der extrem arme Quarzitboden ist nicht imstande, die hohe Säurebelastung aus der Luft abzupuffern. Auch wie-derholte Kalkungen aus der Luft können die Fichten nicht mehr retten.

Der Hanskühnenburgfelsen in Eis und Schnee.

Allerdings sind bei genauerem Hinsehen zahlreiche Pionierbäume wie Ebereschen und Birken zu entdecken, die die Hoffnung auf eine Wiederbewaldung nähren.

Die Acker-Loipe führt vom Acker ca. 5 km abwärts durch Fichtenhochwald, bis rechter Hand die **Hanskühnenburg** auftaucht, die über einen kurzen aber steilen Anstieg zu erreichen ist. Eine Stärkung in der Wirtschaft kommt jetzt gerade recht. Um Irrtümern vorzubeugen: Eine Burg hat es an dieser Stelle nie gegeben. Die Felsformation Hanskühnenburg verdankt ihren Namen einer Sage, nach der ein einst braver Ritter, der hier Unterschlupf vor seinen Feinden suchte, selbst zum Raubritter Hans der Kühne wurde. Seine Burg wurde später verwünscht und in eine Klippe verwandelt. Diese passiert man auf der Weiterfahrt zum Nacht-

flüglerweg, auf dem die Loipe nun im längeren Gefälle vom Ackerkamm hinab auf die westliche Hangseite zum **Auerhahnplatz** (720 m) führt. Vorsicht, nicht nur ungeübte Skiläufer sollten bei vereister Loipe spätestens am Waldrand ihre Ski abschnallen! Der Name Auerhahnplatz zeugt übrigens nicht nur von der ehemals starken Präsenz der Harzer Wildpopulation des Auerhuhns in diesem Gebiet, sondern hat auch in der Gegenwart nichts an Aktualität eingebüßt.

Hier, wie im gesamten Ackergebiet, findet sich heute einer der Verbreitungsschwerpunkte der wiederangesiedelten Harzer Auerhuhnpopulation. Auch aus Rücksicht auf das Auerhuhn wurde die Acker-Loipe 1996 vom Fastweg des Ackerkammes auf die nordwestliche Hangseite verlegt. Bitte nehmen Sie Rücksicht auf die störempfindlichen Vögel und verlassen Sie weder im Ackergebiet wie auch im übrigen Nationalparkgebiet nicht die markierten Loipen.

Nach einem Anstieg von knapp 1 km Länge erreichen Sie nun den Reitstieg, auf dem die Acker-Loipe die letzten rund 3,5 km mehr oder weniger hangparallel zurück nach **Stieglitzecke** führt.

▶ **Einkehrtip**
Hanskühnenburg (Do Ruhetag), Tel.: 0 55 85/3 90

Die Nationalpark-gemeinden

13 Bad Harzburg

Gesamtlänge:	2 km (eine Loipe)
Loipen auf:	245 – 275 m
Schwierigkeit:	leicht
Sport/Freizeit:	Kurzentrum mit vielfältigem Angebot, Golfplatz, Wildgehege
Information:	Kurzentrum Bad Harzburg, Postfach 1364, 38655 Bad Harzburg, Tel.: 0 53 22/7 53 30

Bad Harzburg, einstmals eine von Kaiser Heinrich V. in den Jahren 1065 – 1068 erbaute Festung und Residenz, ist heute ein Kurort modernster Prägung. Am nördlichen Harzrand gelegen (230 – 350 m ü. NN), ist „das Tor zum Nationalpark Harz" selbst kein Wintersportort im eigentlichen Sinne. Gerade für jene Gäste, die Wert auf ein städtisches Ambiente legen und dennoch in kaum mehr als 15 min Fahrzeit mit öffentlichen Verkehrsmitteln die schneesichersten Skigebiete des

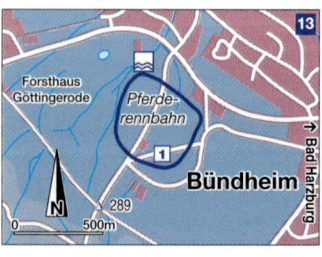

Harzes erreichen wollen, ist Bad Harzburg ein idealer Winterurlaubsort, der auch vielfältige Freizeitmöglichkeiten abseits des weißen Sports zu bieten hat. Im 16. Jahrhundert stieß man in Bad Harzburg auf der Suche nach Bodenschätzen auf eine ergiebige Solequelle. Diese Entdeckung sollte die Entwicklung der Stadt bis in die heutige Zeit prägen. Die Solequelle ist inzwischen Mittelpunkt des Kurortes, der seinen Badegästen und Patienten modernste Kureinrichtungen zu bieten hat. Neben einem umfassenden kulturellen Angebot mit Theatervorstellungen, Konzerten, Vorträgen und Heimatabenden und nicht zuletzt zahlreichen urgemütlichen Kneipen lädt ein großzügiger Kurpark mit altem Baumbestand zum Spazierengehen ein. Natur- und Nationalparkinteressierte können sich beim kostenfreien Besuch im Haus der Natur mit den Zielen des Nationalparks und einer ökologisch ausgerichteten Forstwirtschaft in den umliegenden Harzwäldern vertraut machen. Im Wildgehege am Golfplatz kann man übrigens manch einen imposanten Vertreter der Harzer Tierwelt aus nächster Nähe kennenlernen. Winterwanderwege im näheren Stadtgebiet und zu den umliegenden Waldgaststätten sind gebahnt. Bei ausreichender Schneelage wird auf dem Gelände der Pferderennbahn auch eine Loipe gespurt. Von der

Harzburg selbst sind heute übrigens nicht viel mehr als die Grundmauern zu bewundern – eine Fahrt mit der Seilbahn auf den Burgberg ist für jeden Gast der Kurstadt dennoch ein unbedingtes Muß.

1 Rennbahnloipe

Einstieg: Bündheim an der Rennbahntribüne
Streckenlänge: 2 km
Profil: vielfach ebenes Gelände; Gesamtsteigung 30 m
Bewertung: leicht

Schneelandschaft im Nationalpark Harz.

14 Loipengebiet Altenau

Gesamtlänge:	30 km
Längste Loipe:	6 km
Loipen auf:	500–600 m
Schwierigkeit:	leicht bis schwer
Ski alpin:	Skihang „Auf der Rose" mit bis zu 320 m langen Schleppliften
Sport/Freizeit:	Rodelbahn, Sprungschanzen, Eissporthalle, Hallenwellenbad, Saunarium, Heimatstube
Information:	Kurbetriebsgesellschaft „Die Oberharzer" mbH, Kurgeschäftsstelle Altenau, Hüttenstraße 9, 38707 Altenau/Oberharz, Tel.: 0 53 28/8 02 22, Fax: 0 53 28/8 02 38

Altenau ist die jüngste der sieben Oberharzer Bergstädte. Es verdankt seinen Namen wahrscheinlich einem kleinen Bach „Altenah" oder „Alte Aue", der als sogenanntes Schneidwasser durch das Schultal fließt und in die Oker mündet. Bis in die Mitte des 18. Jahrhunderts war Altenau reich an Silbergruben, Stollen, Halden und Gräben, die teilweise auch heute noch zu sehen sind. Oberhalb Altenaus, in den Hochmoorregionen des Bruchberges, entspringt die Oker, einer der bedeutendsten Harzflüsse. Die Hochmoore am und auf dem Bruchberg gehören zu den größten Kost-

barkeiten des Nationalparks. Zusammen mit denen des Höhenzuges Auf dem Acker erstrecken sie sich in den Kammlagen auf einer Länge von 8 km und sind in Mitteleuropa einzigartig. Zu ihrem Schutz ist die Einhaltung des Wegegebotes für jeden, der seinen Sport in der freien Natur ausübt, selbstverständlich. Die Oker vereinigt sich auf ihrem weiterem Verlauf mit anderen Harzflüssen, u.a. der Radau, Ecker und Ilse, bis sie nach insgesamt 115 km Fließstrecke in die Aller mündet. Unterhalb von Altenau wird sie seit 1956 durch die Okertalsperre aufgestaut und fließt anschließend von Romkerhall bis zum Waldhaus durch eines der schönsten Bachtäler des Harzes. Insgesamt fünf Täler umgeben Altenau und bieten sowohl im Sommer als auch im Winter eine ideale Umgebung für Wanderungen, zu Fuß oder auf Ski. Das Kurgastzentrum beherbergt eine Nationalpark-Informationsstelle, eine Heimatstube und bietet Abwechslung und Unterhaltung. Im Freizeitzentrum auf dem Glockenberg kann man sich entweder im Hallenwellenbad und im Saunarium entspannen oder in der Eissporthalle einige Runden drehen. Ganz in der Nähe befindet sich auch die Herzynia-Schanze, auf der sich die Skispringer betätigen können. Die alpinen Skiläufer tummeln sich im Gebiet „Auf der Rose". Der mit drei Liftanlagen aus-

gestattete Übungshang ist sowohl für Anfänger als auch Fortgeschrittene geeignet, und Rodler kommen hier ebenfalls auf ihre Kosten. Etwas bessere Bedingungen bietet der steilere Hang am Mühlenberg, hier muß man sich die Abfahrt jedoch selbst erarbeiten.

1 Loipe Hellertal
Einstieg: Gaststätte Alter Bahnhof an der Rothenberger Straße
Streckenlänge: 6 km
Profil: Gesamtsteigung 90 m
Bewertung: leicht, besonders für Anfänger geeignet

Die Loipe verläuft auf der Trasse der ehemaligen Bahnstrecke Altenau – Clausthal-Zellerfeld und startet dementsprechend auch am alten Bahnhof von Altenau. Sie verläuft meist gut geschützt durch den Wald, steigt in Richtung Clausthal leicht, aber stetig an und weist ansonsten keinerlei Schwierigkeiten auf. An einer Stelle überquert man auf einer schönen Rundbogenbrücke in luftiger Höhe die Straße nach Clausthal. Die Strecke ist besonders gut für Anfänger geeignet, denn sobald man keine Lust mehr hat oder einen die Kräfte verlassen, dreht man um und gleitet aufgrund des sanften Gefälles mühelos dem Startpunkt entgegen. Über einen Skiwanderweg kann man die Gaststätte **Polstertaler Zechen-**

haus erreichen, daß sich südlich der
Straße Altenau – Clausthal befindet.

▶ **Einkehrtip**
Polstertaler Zechenhaus (über Ski-
wanderweg erreichbar),
Tel.: 0 53 23/55 82

**2 Loipen am Mühlenberg
und im Tischlertal (Rundkurse)**
Einstieg: Parkplatz an der Straße
nach Torfhaus, Skiübungshang am
Mühlenberg
Streckenlänge: 2,5 – 12 km
Profil: Gesamtsteigung max. 200 m
Bewertung: leicht

Unterhalb des **Mühlenberges** und
im **Tischlertal** wird ein System von
Loipen gespurt, in dem sich jeder
Skilangläufer wohlfühlen kann. Hier

finden auch Biathlon-Meisterschaften
statt. Man kann zwischen kleineren
und größeren Schleifen wählen,
größtenteils über offene Bergwiesen
laufen oder auch in geschlossene
Waldbereiche hinüberwechseln.
Darüber hinaus bekommt man von
diesen Loipen aus auch Anschluß
an die Verbindungsloipe zwischen
Stieglitzecke und Torfhaus. Dazu muß
man zunächst in Richtung Kunstberg
laufen und dann östlich der Großen
Oker hinauf zum **Okerstein** (766 m).
Dabei bewältigt man auf einer Länge
von rund 5 km einen Höhenunterschied von 360 m. Ausdauernde
und konditionsstarke Skiläufer
können sich hier beweisen. Die anschließende Abfahrt nach **Altenau**
ist für sichere Skiläufer das reine
Vergnügen.

Altenau – eine der sieben Oberharzer Bergstädte.

15 Loipengebiet Braunlage

Gesamtlänge:	50 km
Längste Loipe:	13 km
Loipen auf:	530 – 890 m
Schwierigkeit:	leicht bis schwer
Ski alpin:	Skiwiese Herzog-Johann-Albrecht-Straße (Flutlicht); Skilift am Hasselkopf; Wurmberglifte: Hexenritt, Kaffeehorst, Wurmberg-Nordhang; Wurmbergseilbahn; leichte bis mittelschwere Abfahrten (Länge bis 3,5 km, Höhenunterschied bis 400 m)
Sport/Freizeit:	Hallenbad, Reiten, Tennis, Kegeln, Eislaufen, Eisstockschießen, Rodeln (Wurmberg-Rodelbahn, Länge 1,5 km, Start am Rodelhaus an der Seilbahn-Mittelstation; Kinder-Rodelbahn am Hasselkopf, nahe Schützenhaus)
Information:	Kurbetriebsgesellschaft Braunlage GmbH, Elbingeröder Straße 17, 38700 Braunlage, Tel.: 0 55 20/9 30 70, Fax: 0 55 20/93 07 20

Die Nationalparkgemeinde Braunlage am Fuße des Wurmbergs (971 m) zählt zu den ältesten und bedeutendsten Wintersportplätzen in Deutschland. Die ersten Skier wurden 1883 in Braunlage hergestellt. Von Mitte Dezember bis Mitte März liegt in der Regel im Braunlager Wintersportgebiet eine sportfähige Schneedecke. Langlaufloipen rund um den Ort mit vielfältigen Anschlußmöglichkeiten bieten sowohl dem ambitionierten

sportlichen Langläufer als auch dem gemütlichen Skiwanderer ein attraktives Betätigungsfeld. Alpine Skiläufer können am Wurmberg zwischen leichten Übungshängen und durchaus steilen Abfahrten wählen. Das Eisstadion bietet Gelegenheit zum Schlittschuhlaufen, Eisstockschießen oder zum Besuch eines Eishockeyspiels. Winterwanderer erleben auf gebahnten Wegen herrliche Natur. Weniger Aktive können sich warm eingepackt im Pferdeschlitten durch die Winterlandschaft kutschieren lassen.

① **Schultalloipe (Rundkurs)**
Einstieg: Braunlage Sportplatz (Wetterwarte) oder Café Panorama
Streckenlänge: 1,6 km
Profil: kurze steile Abfahrten und Anstiege; Gesamtsteigung 30 m
Besonderheiten: Flutlichtbetrieb abends nach Bedarf, außer So
Bewertung: leicht

② **Brunnenbach-Loipe**
Einstieg: Braunlage Sportplatz (Wetterwarte) oder Café Panorama
Streckenlänge: 10 km, Teilstrecke 5 km
Profil: hügelige Strecke mit mehreren steilen Abfahrten, Teilstrecke nur mit kurzen Abfahrten; Gesamtsteigung 265 m
Besonderheiten: schöne Aussicht auf Braunlage und den Wurmberg
Anschluß: Skiwanderweg nach Königskrug mit Anschluß an die Achtermann- und die Rote-Bruch-Loipe.
Bewertung: anspruchsvolle Loipe mit zahlreichen steilen Anstiegen und Abfahrten

Die Loipe führt von **Braunlage** nach Westen über die B 4/242 in das Quellgebiet des Brunnenbachs im Nationalpark Harz. Zahlreiche kleine Quellbäche des ca. 10 km langen Gewässers, das wenig unterhalb zum Silberteich, einem um 1750 angelegten Bergbauteich aufgestaut ist, werden im Loipenverlauf überquert. Das klare Gebirgswasser des Brunnenbachs fließt südöstlich von Braunlage in die Warme Bode, die ihrerseits nach Vereinigung mit der Kalten Bode in die Elbe mündet.
Vom Sportplatz führt die Loipe zunächst auf der beleuchteten **Schultalloipe** über mehrere Anstiege bis zur **Alten Harzburger Straße**.

Spätestens hier hat man Betriebstemperatur erreicht. Nach zwei Abfahrten – Vorsicht, die letzte hat es in sich! – gabelt sich die Route. Die 5 km Teilstrecke zweigt links ab, während die 10-km-Strecke weiter über einen langen Anstieg vorbei am **Forsthaus Brunnenbach** über Waldwiesen bis zum höchsten Punkt der Loipe führt. Nach einer leichten Abfahrt erreicht man den häufig auch gespurten Skiwanderweg nach **Königskrug**. Die **Brunnenbach-Loipe** führt nun weiter durch ebenes Gelände, bevor es nach etwa 2,5 Kilometern eine lange steile Abfahrt hinab zum Brunnenbach geht. Am Ende der Abfahrt gilt es zunächst, sturzfrei eine kleine Brücke zu überwinden, um dann ein kurzes Steilstück im Grätschschritt bergauf zu meistern. Nun liegt das Ärgste hinter uns, und wir können uns auf genüßliches Dahingleiten vorbei an der Braunlager Jugendherberge über offene Wiesenlandschaft zurück zum Sportplatz freuen.

3 **Wurmberg-Loipe**

Einstieg: unterhalb der Wurmbergschanze, ca. 1 km nördlich des Parkplatzes Kaffeehorst; Zugang auch über Winterberg-Loipe ab Parkplatz Kaffeehorst
Streckenlänge: 3,7 km
Profil: eine kurze Abfahrt; Gesamtsteigung 30 m

Anschluß: Winterberg-Loipe, Königsberger Loipe mit Anschluß an Loipe Torfhaus–Dreieckiger Pfahl und Rote-Bruch-Loipe
Bewertung: relativ leicht

Diese relativ schneesichere Höhenloipe führt durch Fichtenhochwald und weite Freiflächen rund um die **Wurmbergkuppe**. Sie bietet in Ihrem Verlauf alle Expositionen; einige Skiabfahrten müssen überquert werden. Von Interesse ist die Entstehung des Namens dieses mit 971 m höchsten Berggipfels in Niedersachsen, der auf einen „zoologischen Irrtum" unserer Vorfahren zurückgeht: Der sonnige Südhang des Wurmberges wurde bereits in vergangenen Jahrhunderten häufig vom Borkenkäfer heimgesucht, einem winzigen, nur wenige Millimeter großen Insekt, das bekanntlich auch heute, im Zeitalter der menschlich verursachten Klimaerwärmung, wieder große Erfolge bei seiner Vermehrung erzielt. Durch das massenhafte Einbohren in die Rinde älterer Fichten ist das flugfähige

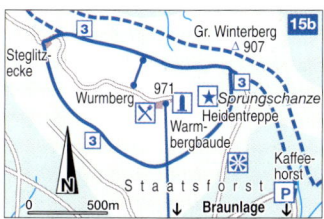

Krabbeltier in der Lage, ganze Wald-
gebiete zum Absterben zu bringen.
Nach erfolgreicher Begattung der
Weibchen schlüpfen aus den zu Tau-
senden unter der Baumrinde abge-
legten Eiern kleine weiße Larven, die
früher, als die komplizierte Meta-
morphose der Insekten noch gänzlich
unerforscht war, irrtümlich für Wür-
mer gehalten wurden. So kam der
Wurmberg zu seinen Namen.

4 Hasselkopf-Loipe

Einstieg: Schützenhaus Braunlage
(Haupteinstieg); Parkplatz Waldcafé
Forellenteich an der B 27; Waldpark-
platz Lausebuche an der B 27;
Parkplatz Kaiserweg an der L 600;
Parkplatz Nullpunkt an der L 601
Anfahrt: Bus: Linie 65 Braunlage –
St. Andreasberg, Haltepunkte Wald-
mühle (Café Forellenteich) und Lau-
sebuche;
Pkw: B 27 Braunlage, Richtung Bad
Lauterberg
Streckenlänge: 13 km, Teilstrecken
10 bzw. 7 km
Profil: hügelige Strecke mit wenigen
steileren Abschnitten in vielfach
ebenem Gelände; Gesamtsteigung
ca. 150 m
Anschluß: Südharz-Loipennetz mit
Anbindung nach Bad Sachsa, Wieda
und Bad Lauterberg; Kaiserweg-Loipe
mit Anbindung nach Wieda, Zorge
und Walkenried; Ebersberg-Loipe

über Nullpunkt nach Hohegeiß
Besonderheiten: schöne Aussicht
auf Braunlage und den Wurmberg
(Adamsblick)
Bewertung: leicht bis mittelschwer

Nach der Unterführung an der
B 4/242 geht es in leichtem, später
deutlich zunehmendem Gefälle durch
dichten Fichtenwald, der sich
zunächst an der Traum, später an der
Märchenwiese nur kurze Zeit lichtet,
hinab ins Brunnenbachtal, wo das
Waldcafé Forellenteich zur
gemütlichen Einkehr lädt. Von hier
geht es nach kurzem Anstieg durch
hügeliges Gelände hinab zum Kro-
nenbach. Wer beim Apfelstrudel mit
Vanillesoße – der Spezialität des sehr
empfehlenswerten Waldgasthauses –
über alle Maßen zugelangt hat, sollte
an der Brücke vielleicht besser links
abbiegen und sich fürs erste mit der
kürzesten Rundkursvariante über
7 km zufrieden geben. Unschlüssigen
sei jedoch versichert, daß auch die
nächstgrößere Runde ohne welt-
meisterliche Kondition durchaus zu
bewältigen ist. Dabei geht es hinter
der Brücke zunächst nach rechts
durch das idyllische Kronenbachtal
bis zum Kaiserweg und auf dem folgenden Anstieg zum **Kapellenfleck**,
einem sogenannten Bodendenkmal,
ein Begriff, der ahnen läßt, daß nur
noch Reste des einstigen kirchlichen

Gemäuers erkennbar sind, die im Winter ohnehin unter Schnee begraben liegen.

Für historisch Interessierte sei angefügt, daß an diesem Platz die Reste einer vermuteten Elendskapelle zu finden sind, die auf das frühe Mittelalter datiert. 1257 n.Chr. gehörte die Kapelle zum Kloster Walkenried. Einrichtungen dieser Art bestanden aus Kapelle und Herberge, waren also Gasthäuser im ursprünglichsten Sinne, die Reisenden auf den damals wahrhaft einsamen Routen Unterschlupf und Gelegenheit zum Gebet an geweihtem Orte boten. Am Kapellenfleck gibt es zum zweiten Mal die Gelegenheit, „abzukürzen" und vorschnell heimatliche Gefilde anzusteuern (10 km Teilstrecke).

Wer tapfer weiter läuft, erreicht nach ca. 500 Metern eine Wegespinne, die eine Option für Kilometerfresser offenhält: das **Südharz-Loipennetz**, das mit einer Gesamtlänge von 62 km den Anschluß nach Bad Sachsa, Wieda und Bad Lauterberg herstellt und sogar einen Abstecher zur Waldgaststätte Bahnhof Stöberhai ermöglicht. Davon jedoch an anderer Stelle mehr.

Wir wenden uns nun wieder naheliegenderen Aufgaben zu und biegen an der überdachten Rastbank links ab, Richtung **Parkplatz Kaiserweg** (L 600). Nach wenigen hundert

Braunlage mit dem Wurmberg (971 m).

Metern hält man sich nochmals links, sofern man nicht die zweite Chance auf einen ordentlichen Muskelkater nutzen möchte und geradeaus weiter bis zum Parkplatz Kaiserweg an der L 600 läuft: Hier beginnt die **Kaiserweg-Loipe**, die das Braunlager Loipengebiet mit Wieda, Zorge und Walkenried verbindet (Gesamtlänge 50 km!).

Kurz vor dem Parkplatz Kaiserweg soll mit dem nach links abzweigenden Anschluß zur **Ebersberg-Loipe** (über Nullpunkt, Bechlerstein nach Hohegeiß) auch die dritte Variante nicht unerwähnt bleiben.

Doch jetzt zurück zur Hasselkopf-Loipe, die auf den nächsten leicht abfallenden 1,5 km wirkliches Genuß-Skilaufen bietet. Dann geht es im rechten Winkel weiter nach Norden durch hügeliges Terrain hinüber zum Schächerbachtal und weiter zum bereits erwähnten Kronenbachtal, wo wir wieder auf den kurzen Rundkurs stoßen. Vorbei am Jugendwaldheim Brunnenbachmühle geht es weiter auf dem noch gut erhaltenen Bahndamm der längst stillgelegten meterspurigen Südharz-Eisenbahn von Walkenried nach Braunlage hinauf zum **Hasselkopf** (612 m), wo der Wald sich nun endgültig lichtet und eine der schönsten Aussichten über Braunlage (Adamsblick) freigibt. Von hier geht es über offenes Gelände zurück zum nahen Schützenhaus.

▶ Einkehrtip

Waldcafé Forellenteich (Mo–Di Ruhetag), Tel.: 0 55 20/16 88; Rasthütten am Kaiserweg

Das Heimat- und Skimuseum in Braunlage.

16 Loipengebiet St. Andreasberg

Gesamtlänge:	18 km
Längste Loipe:	6 km
Loipen auf:	560–710 m
Schwierigkeit:	leicht bis schwer
Ski alpin:	Matthias-Schmidt-Berg mit drei Schleppliften, zwei Doppelsesselbahnen (Flutlicht und Kunstschnee), Übungslift Jordanshöhe, leichte bis schwere Abfahrten, Länge bis 600 m, Höhenunterschied bis 140 m
Sport/Freizeit:	Hallenbad, Tennis, Kegeln, Rodeln (beleuchtete Rodelwiese am Kurhaus)
Information:	Kurverwaltung St. Andreasberg, Postfach 80, 37442 St. Andreasberg, Tel.: 0 55 82/8 03 36, Fax: 0 55 82/8 03 16

Wintersport in St. Andreasberg (560–820 m ü. NN) steht für Sonnenberg, Rehberg, Matthias-Schmidt-Berg, für Skilifte, Abfahrten, Loipen, für Winterfeste und Wintervergnügen, für Erholung und Sport in einer zauberhaften Winterlandschaft. Als 1896 das erste Winterfest Deutschlands in der damals an der Schwelle vom traditionellen Bergbau- und Hüttenrevier zum beliebten Fremdenverkehrsziel stehenden Ortschaft gefeiert wurde, konnte noch niemand ahnen, das sich der Wintersport in Deutschland bald zum millionenfach aus-

geübten Breitensport entwickeln würde. Damals wollte man den Menschen im flachen Land die Angst und Scheu vor dem Bergwinter nehmen, wollte ihnen die vergnüglichen und schönen Seiten der Fortbewegung im Schnee näherbringen.

Heute zieht es Winterurlauber und Skifans in Scharen in die höchstgelegenste der sieben Harzer Bergstädte. Skiwanderern stehen am Ort selbst rund 20 km gespurte Langlaufloipen in schöner landschaftlicher Lage mit vielfältigen Anschlußmöglichkeiten an das Loipennetz im Nationalpark zur Verfügung. Zentren des alpinen Skilaufs sind der Sonnenberg und der Matthias-Schmidt-Berg. Zwei Doppel- und sieben Schlepplifte ziehen auch Snowboardfans in ihren Bann. Geräumte Fußwege bieten dem weniger sportlich Ambitionierten Gelegenheit, die klare Winterluft zu genießen. Rodeln bei Nacht, auch das ist in St. Andreasberg nicht unmöglich. Ein echtes Highlight ist nach wie vor das Winterfest, das mit seinem traditionellen Festumzug, anschließender Schneegaudi, Rodelwettbewerben und weiteren abwechslungsreichen Programmpunkten zahlreiche Besucher anlockt. Auch kulturell hat die Bergstadt, die mit ihren steilen Straßen und bunten Fachwerkhäusern viel von ihrem ursprünglichen Charme bewahrt hat,

einiges zu bieten. Einen Besuch wert ist besonders das historische Schaubergwerk Grube Samson und Grube Catharina Neufang.

1 Rundkurs Oderberg
Einstieg: St. Andreasberg, Parkplatz Hallenbad
Streckenlänge: 6 km
Profil: hügeliges Gelände; Gesamtsteigung 180 m
Besonderheiten: Aussicht zum Brocken und Wurmberg
Bewertung: schwer

2 Rundkurs Beerberg
Einstieg: St. Andreasberg, Parkplatz Hallenbad
Streckenlänge: 3 km
Profil: hügeliges Gelände; Gesamtsteigung 20 m
Besonderheiten: wunderbarer Blick über St. Andreasberg sowie zum Stöberhai (699 m) und Ravensberg (659 m) bis in das südöstliche Harzvorland
Bewertung: leicht

3 Verbindungsloipe Hallenbad–Jordanshöhe–Dreibrode
Einstieg: Parkplatz Dreibrode an der L 519 zwischen Sonnenberg und St. Andreasberg; Hallenbad St. Andreasberg an der L 519
Anfahrt: Bus: Linie 2455 Clausthal – Zellerfeld–St. Andreasberg bzw. 2432

Goslar – St. Andreasberg, Haltepunkt Internationales Haus Sonnenberg Pkw: L 519 (Parkplatz Dreibrode)
Streckenlänge: 3 km
Profil: hügelige Strecke; Gesamtsteigung 90 m
Anschluß: Rundkurse Oderberg und Beerberg, ab Parkplatz Dreibrode: Rundkurs Waage, Rundkurs Sonnenberg
Bewertung: mittelschwere Loipe

▶ Einkehrtip

Café Hallenbad, Tel.: 0 55 82/82 88; Rehberger Grabenhaus (800 m östlich des Parkplatzes Dreibrode), Tel.: 0 55 82/7 89

4 Rundkurs Waage

Einstieg: Parkplatz Dreibrode
Anfahrt: Bus: Linie 2455 Clausthal – Zellerfeld – St. Andreasberg bzw. 2432 Goslar – St. Andreasberg, Haltepunkt Internationales Haus Sonnenberg;
Pkw: L 519 (Parkplatz Dreibrode)
Streckenlänge: 6 km
Profil: hügelige Strecke; Gesamtsteigung 70 m
Anschluß: an den Rundkurs Sonnenberg und über die Verbindungsloipe Jordanshöhe zu den Rundkursen Oderberg und Beerberg
Bewertung: leicht

Blick auf St. Andreasberg mit verschneiten Bergwiesen.

17 Riefensbeek-Kamschlacken

Gesamtlänge:	9,1 km
Längste Loipe:	7,5 km
Loipen auf:	380–560 m
Schwierigkeit:	leicht bis mittelschwer
Information:	Fremdenverkehrs- und Kulturamt Osterode am Harz, Eisensteinstraße 1, 37520 Osterode, Tel.: 0 55 22/31 83 31

Wenn man auf der Harz-Hochstraße, der B 242, von Clausthal-Zellerfeld in Richtung Sonnenberg fährt, kommt man nach wenigen Kilometern zu der Abzweigung nach Riefensbeek-Kamschlacken. Dieser langgestreckte, idyllische Doppelort liegt im Tal der Söse, die, wie fast alle anderen größeren Harzflüsse auch, durch eine Talsperre aufgestaut wird. Am Talausgang, 11 km von Riefensbeek entfernt, befindet sich Osterode. Die reizvolle Altstadt ist einen Besuch wert. Über Jahrhunderte hinweg lebte man in Riefensbeek-Kamschlacken von der Forst- und Weidewirtschaft. Heutzutage lieben die Besucher die Beschaulichkeit und Abgeschiedenheit in dem wenig überlaufenen Luftkurort. Zur Zeit wird hier in der Kurverwaltung eine Ausstellung aufgebaut, die über die Aufgaben und Ziele des direkt benachbarten Nationalparks Harz informiert.

1 Loipe Großer Mittelberg (Rundkurs)

Einstieg: Parkplatz Kohlungsplatz an der B 498 am Ortseingang Kamschlacken
Streckenlänge: 7,5 km
Profil: Gesamtsteigung 180 m
Bewertung: mittelschwer

Die Loipe führt vom Parkplatz **Kohlungsplatz** aus entlang der Großen Söse. Bald wird ein Wegekreuz erreicht, an dem in südlicher Richtung das Wolfstal abzweigt. Wir folgen jedoch der Großen Söse und gelangen so, leicht ansteigend, in das **Große Ifental**. Hier befindet sich der Wendepunkt der Loipe, die anschließend unterhalb der Siebenwochenklippe entlang führt, den Ifenkopf umrundet und uns fast auf den Kamm des **Großen Mittelberges** (569 m) leitet. Nach einer Schleife im Tal der Kleinen Söse geht es dann zurück zum Kohlungsplatz.

2 **Loipe Roland (Rundkurs)**
Einstieg: Parkplatz Kohlungsplatz an der B 498 am Ortseingang Kamschlacken
Streckenlänge: 1,6 km
Profil: Gesamtsteigung 80 m
Bewertung: leicht

Diese 1,6 km lange Runde wird in einem Wiesengelände absolviert, das nur geringe Höhenunterschiede aufweist und sich daher für Anfänger gut eignet. Man kann die Runde jedoch auch zum Aufwärmen nutzen, bevor man zur Tour um den Großen Mittelberg aufbricht.

Winterstimmung an einem Bergbach.

18 Lonau

Gesamtlänge:	14 km (eine Loipe)
Loipen auf:	350−811 m
Schwierigkeit:	schwer
Information:	Verkehrsverein Lonau, Kirchtal 23,
	37412 Herzberg am Harz, Tel.: 0 55 21/49 44

Von Herzberg aus gelangt man auf einer 4 km langen Stichstraße nach Lonau. Diese kleine Ortschaft liegt in zwei Tälern, umgeben von Wäldern. Im 17. Jahrhundert befand sich hier eine Eisenhütte. Heute bietet der Ort, der vom Durchgangsverkehr verschont ist, viel Ruhe und Erholung. Im Mariental befindet sich die Aufzuchtstation für Auerhühner, die im Nationalpark ausgewildert werden.

Im Dorfgemeinschaftshaus befindet sich eine Nationalpark-Informationsstelle, und auch die Mitarbeiter der Nationalparkwacht, die Ranger, haben eine Station in Lonau. Skilangläufer können von Lonau aus zur Hanskühnenburg hinauf laufen, dem beliebten Ausflugsziel auf dem Ackerhöhenzug.

1 Von Lonau zur Hanskühnenburg
Einstieg: Parkplatz im Tal der Großen Lonau
Streckenlänge: 14 km
Profil: Gesamtsteigung 440 m
Anschluß: an die Acker-Loipe von Stieglitzecke
Bewertung: anspruchsvollere Skiwanderung für fortgeschrittene Skilangläufer

Die Loipe verläuft unterhalb des Großen Mittelberges im Tal der Großen Lonau. Nachdem eine Schutzhütte passiert wurde, hier zweigt linker Hand das Rangental ab, steigt die Spur allmählich an. Bald darauf verläßt man das Tal der Großen Lonau, durchläuft eine Spitzkehre und beginnt mit dem Aufstieg hoch zur Ackerstraße. Nach fast 7 km trifft man am sogenannten Teilungspfahl (744 m) auf die Acker-Loipe, die von der Stieglitzecke zur **Hanskühnenburg** (811 m) führt. Jetzt müssen nur noch die letzten 67 Höhenmeter hinauf zur Gaststätte bewältigt werden. Für Langläufer, die keine rasanten Abfahrer sind, empfiehlt es sich, auf dem Rückweg die Skier zu tragen. Der weitere Rückweg nach **Lonau** wird in derselben Spur absolviert.

▶ **Einkehrtip**
Gaststätte Hanskühnenburg,
Tel.: 0 55 82/3 90

Tiefverschneite Landschaft bei Lonau.

19 Sieber

Gesamtlänge:	7 km (eine Loipe)
Loipen auf:	440 – 540 m
Schwierigkeit:	mittelschwer
Information:	Kurverwaltung Sieber, An der Sieber 69,
	37412 Herzberg, Tel.: 0 55 85/3 22

Beinahe hätte auch das Siebertal das Schicksal so vieler Täler des Harzes geteilt und wäre mit einer Talsperre versehen worden. Nach jahrelangen Verhandlungen entschied man sich endgültig gegen die Talsperre, und so findet man hier eines der letzten unverbauten Wiesentäler des Harzes. Erfreulicherweise wurde auch die Autostraße entlang der Sieber ab der Försterei Königshof gesperrt, so daß man sich dieses wunderschöne Tal ungestört und ohne lästige Nebengeräusche erwandern kann. Im Winter stehen den Skilangläufern in Sieber die Käseberg-Loipe und eine Verbindungsloipe zur Acker-Loipe zur Verfügung.

1 **Käseberg-Loipe**
Einstieg: großer Wanderparkplatz, Adolf-Reicher-Platz, in der Nähe des Schwimmbades
Streckenlänge: 7 km
Profil: Gesamtsteigung 150 m
Bewertung: mittelschwer

Die Loipe verläuft über den Hang des Breitentalskopfes am östlichen Ufer der Sieber.
Nach ca. 2 km erreicht man den **Gropenbornbach**. Hier beginnt eine ca. 4 km lange Schleife, die am Hang des Gropenbornkopfes entlangführt.
Auf dem Rückweg folgt man eine Weile der Sieber, die in mehreren Quellbächen in den Mooren rund um den Sonnenberg entspringt. Von hier aus durchfließt sie zunächst die natürliche Fichtenwaldstufe und schließlich die Buchenwälder, die den besonderen Reiz des Siebertales ausmachen.

20 Loipengebiet Schierke, Elend und Drei-Annen-Hohne

Gesamtlänge:	70 km
Längste Loipe:	17 km
Loipen auf:	500 – 940 m
Schwierigkeit:	überwiegend mittelschwer bis schwer
Ski alpin:	Skilift Drei-Annen-Hohne (Länge 900 m, Höhenunterschied 150 m)
Sport/Freizeit:	Eislaufen, Eisstockschießen, Rodeln, Tennis, Klettern
Information:	Kurbetriebsgesellschaft „Brocken" mbH, Kurverwaltung Schierke, Brockenstraße 10, 38879 Schierke, Tel.: 03 94 55/3 10, Fax: 03 94 55/4 03; Nationalpark Hochharz, Lindenallee 35, 38855 Wenigerode, Tel.: 0 39 43/55 02-0, Fax 0 39 43/55 02-37

Der Anblick von Naturerscheinungen kann so heilsam sein wie Medizin – dies oder ähnliches mag einem durch den Kopf gehen, wenn man das idyllische Örtchen Schierke am Fuße des Brockens ansteuert. Im Tal der Kalten Bode, eingebettet von dichten Fichtenwäldern und ohne jeden Durchgangsverkehr, begegnet einem hier heute wieder ein Hauch jenes Geistes, der Schierke vor dem Krieg zu einem international bekannten Wintersportplatz werden ließ. Zeugnisse dieser Blütezeit sind nicht nur zahlreiche schmuckvolle Villen und großzügige Ferienhotels, sondern auch Wintersportanlagen wie die Rennschlittenbahn und die idyllisch gelegene Natureisbahn. Heute bestimmen die auch im Winter ungebrochene Anziehungskraft des Brockens, der auf verschiedenen

Routen erwandert werden kann, sowie ein umfangreiches Loipennetz die Wintersportaktivitäten der Gäste. Neben der auch vom Schierker Bahnhof gut erreichbaren Hohneloipe kommt man als ambitionierter Langläufer insbesondere auf der Großen Winterberg-Loipe und der Königsberger Loipe, die übrigens beide eine gute Anbindung an die Loipen im Nationalpark Harz bieten, voll auf seine Kosten. Für Rodelfans bietet sich ein Teilstück der alten Bobbahn nördlich des Ortes an. Wer Alpinski mitbringt, hat es nicht weit bis zum Abfahrtshang in Drei-Annen-Hohne oder zum Wurmberg nach Braunlage.

Nicht nur dem, der auf Natur pur und Langlaufen setzt, sei gesagt, daß man in Schierke auf das eigene Auto getrost verzichten kann. Viel zünftiger und originalgetreuer reist es sich ab Wernigerode mit der Harzquerbahn.

Wer von Schierke entlang der Kalten Bode durch das wildromantische Elendstal wandert, erreicht nach

Schierke, unterhalb des Brockens – ein idealer Wintersportplatz.

wenigen Kilometern die Harzgemeinde Elend (500 m ü. NN). Die kleine, nur 500 Einwohner zählende Ortschaft ist ebenfalls an das Schienennetz der Harzquerbahn angeschlossen oder über die B 27 zu erreichen. Für Langläufer wird ein durch Wiesen und dichten Fichtenwald führender Rundkurs über 10 km nach Rothehütte gespurt. Nördlich von Neuehütte bieten weitere 4 km Loipe Anschluß nach Elbingerode.

Drei-Annen-Hohne – der Ortsname der kleinen Ansiedlung wurde 1899 bei der Eröffnung der Harzquerbahn gebildet – ist aus zwei Begriffen entstanden, die stellvertretend für die faszinierende Harzlandschaft und die sie prägende Kulturgeschichte stehen. „Drei Annen" war der Name eines Bergwerkes an den Hasselköpfen, in dem ab 1770 nach Silbererzen geschürft wurde. „Hohne" heißt der weithin sichtbare klippenreiche Bergzug im Nationalpark Hochharz, entlang dessen Südflanke die Hohneloipe auf den ersten Kilometern verläuft. Der aus Brockengranit geformte Hohnekamm verbindet alles, was für die Harzlandschaft typisch ist. Urwüchsige Bergfichtenwälder, die, schon lange vor der Nationalpark-Gründung als Totalreservat geschützt, von menschlichen Eingriffen weitgehend verschont

blieben, wechseln sich ab mit eingesprengten Hangmooren und ebenso schroffen wie bizarren Felsformationen.

In der neben dem Bahnhof nur wenige Hotels und Häuser zählenden Ortschaft an der B 27 gibt es einen empfehlenswerten Skihang, der vom Parkplatz aus nach ca. 1 km Fußmarsch erreichbar ist. Die kurze Anstrengung lohnt sich. Die ca. 1 km lange Abfahrt hat ein für Harzer Verhältnisse überdurchschnittliches Gefälle und verfügt über eine moderne Liftanlage. Neben der Hohneloipe werden bei guten Schneeverhältnissen auch 5 – 7 km Loipe zur Zillertalsperre Richtung Elbingerode gespurt. Aktuelle Hinweise über Wetter, Loipen, Schneeverhältnisse und vieles mehr erhalten Sie in der Nationalpark-Informationsstelle auf dem Parkplatz, wo Sie zudem eine interessante und informative Ausstellung über den Nationalpark besichtigen können. Der Eintritt ist kostenlos.

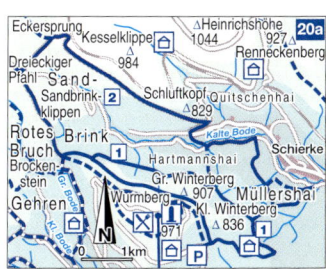

1 Große Winterberg-Loipe

Einstieg: Schierke, Sandbrinkstraße (Loipenhaupteinstieg); Braunlage, Parkplatz Kaffeehorst

Streckenlänge: 16,5 km (Teil-strecken 10 km bzw. 12 km)

Profil: lange Steigungen wechseln mit wenigen steilen Abfahrten; Gesamtsteigung ca. 270 m

Besonderheiten: schöner Blick auf Brocken und Heinrichshöhe

Anschluß: Königsberger Loipe, Wurmberg-Loipe

Bewertung: mittelschwere Loipe für konditionsstarke Läufer

Vom Loipenhaupteinstieg an der Sandbrinkstraße in **Schierke** geht es auf dem Gelben Weg vorbei an der alten Bobbahn über den Spechtweg bis zum Braunlager Fußweg. Hier hält man sich links Richtung **Parkplatz Kaffeehorst**. Vom Kaffeehorst geht es auf dem Ulmer Weg in erheb-lichem Anstieg hinauf zum **Großen Winterberg** und wieder abwärts bis

Auf dem alten Kolonnenweg zwischen Eckersprung und Dreieckigem Pfahl.

zur Abzweigung Toter Weg. Auf diesem führt die Loipe zunächst hangparallel zurück zum Winterberg, an dessen nordöstlichen Hang die Loipen nach links in deutlichem Gefälle hinab zur Sandbrinkstraße führt, auf der man wieder den Loipeneinstieg in Schierke erreicht.

2 Königsberger Loipe

Einstieg: Schierke, Sandbrinkstraße (Loipenhaupteinstieg)
Streckenlänge: 17 km
Profil: lange Steigungen wechseln mit wenigen steilen Abfahrten; Gesamtsteigung ca. 320 m
Anschluß: ab Dreieckiger Pfahl Bad Harzburger Loipe, Rote-Bruch-Loipe
Bewertung: mittelschwere Loipe für konditionsstarke Läufer

Der Loipenverlauf entspricht zunächst dem der Großen Winterberg-Loipe in umgekehrter Richtung. An der Abzweigung Kolonnenweg/Toter Weg hält man sich rechts und folgt dem Kolonnenweg bis zum **Dreieckigen Pfahl**, wo man sich wieder rechts hält und zum **Eckersprung** gelangt. Von hier geht es auf dem Goetheweg einige hundert Meter steil bergan bis zur Trasse der Brockenbahn, wo man rechts auf den Oberen Königsberger Weg einbiegt. Auf diesem erreicht man nach längerer Gefällstrecke die Brockenstraße, die man jedoch schon

in der folgenden Haarnadelkurve wieder verläßt, um dem Kolonnenweg folgend nach Überquerung der **Kalten Bode** die Sandbrinkstraße zu erreichen, auf der es zurück zum Loipeneinstieg geht.

3 Loipe Elend–Rothehütte (Rundkurs)

Einstieg: Elend
Streckenlänge: 10 km
Profil: hügelig
Bewertung: mittelschwer

4 Hohneloipe

Einstieg: Parkplatz Bahnhof Drei-Annen-Hohne an der B 27, Parkplatz Bahnhof Schierke
Anfahrt: Bus: Linie 76 Braunlage–Wernigerode, Haltepunkt Drei-Annen-Hohne;
Harzer Schmalspurbahn: ab Wernigerode; Pkw: B 27

Streckenlänge: 17 km bzw. 12 km (Rundkurs ab Bahnhof Schierke)
Profil: lange, teilweise auch steile Anstiege und Abfahrten; Gesamtsteigung ca. 420 m bzw. ca. 280 m (Rundkurs ab Bahnhof Schierke)
Besonderheiten: Nationalpark-Informationsstelle in Drei-Annen-Hohne
Anschluß: ab Parkplatz Drei-Annen-Hohne Rundloipe Zilliertalsperre
Bewertung: schwere Loipe für konditionsstarke Läufer durch landschaftlich reizvolle Gegend abseits des üblichen Brockentourismus

Den Loipeneinstieg findet man am Parkplatz **Drei-Annen-Hohne** auf der gegenüberliegenden Seite der B 27. Nur kurze Zeit geht es von hier in ebenem Gelände durch offene Wiesenlandschaft, dann taucht die Loipe in den Wald ein, und es folgt ein langer Anstieg auf dem **Glashüttenweg** zur „Spinne", wo sich 6 Wanderwege treffen. Von hier führt die Loipe weiter leicht bergan über den Scheffelweg auf den Nordosthang des Reneckenbergs, wo es nach zunächst hangparallelem Streckenverlauf hinab zum **Molkenhausstern** geht (733 m). Die langgezogene, sanfte Abfahrt ist ein besonderer Genuß. Einige große Schneisen ermöglichen bei guter Sicht einen bemerkenswerten Blick bis in das Harzvorland.

Hinauf zur **Zeterklippe** geht es von nun an richtig zur Sache. Bis das Brockenbett in knapp 900 Meter Höhe erreicht ist, sind einige Schweißtropfen geflossen. Belohnt wird man für diese Anstrengung mit einem zwar etwa 7 km langen, aber mehr oder minder stetig abwärts führenden Rückweg nach Drei-Annen-Hohne.

Der **Glashüttenweg**, auf dem die Loipe nun wieder verläuft, erhielt seinen Namen, weil die Familie Röhrig von 1789 an auf der bald erscheinenden Waldwiese im Jakobsbruch eine Glashütte betrieb. Die Schmelze zur Glasherstellung wurde vor allem mit Torf aus dem Schierker Torfwerk betrieben. In seiner Blütezeit produzierte das Unternehmen mit über 100 Bläsern und Schleifern aus Sachsen und Schlesien Gebrauchs- und Dekorgläser der Spitzenklasse. Als die Torflager des Schierker Torfwerkes erschöpft waren, mußte die Glashütte 1842 nach Braunlage umsiedeln.

▶ **Einkehrtip**
Gasthaus Zur Harzquerbahn,
Drei-Annen-Hohne,
Tel.: 03 94 55/9 33;
Parkhotel Am Hohnekopf,
Drei-Annen-Hohne,
Tel.: 03 94 55/8 40

Loipengebiet Südharz

21 Bad Lauterberg

Gesamtlänge:	42 km (Einstieg ins Südharzer Loipennetz ca. 8 km)
Längste Loipe:	42 km
Loipen auf:	370–625 m
Schwierigkeit:	leicht bis mittelschwer
Ski alpin:	Schlepplift am Heikenberg
Sport/Freizeit:	Heimatmuseum, Spielzeugmuseum, Museums-bergwerk, Kichberg-Therme, Vitamar-Erlebnisbad
Information:	Kurverwaltung, Ritscherstr. 4, 37431 Bad Lauter-berg, Tel.: 0 55 24/92 04-0, Fax: 55 06

Dort, wo die Oder den Harz verläßt, liegt Bad Lauterberg. Die erste Besiedlung dieses Ortes datiert auf das Jahr 1183. In dieser Zeit befand sich auf dem heutigen Hausberg die Burg des Grafen Sigebodo, die 1415 zerstört wurde. Mit der Verleihung der Bergfreiheit um 1521 setzte ein wirtschaftlicher Aufschwung ein. In vielen Gruben wurde nach Kupfer geschürft, eine Eisenhütte bot Arbeit, und viele Köhler verarbeiteten die ausgedehnten Buchenmischwälder zu Holzkohle. Heutzutage ist Bad Lauterberg ein gefragtes Kneipp-Heilbad. Die Altstadt mit schönen Fachwerk-häusern, das Heimatmuseum, ein Spielzeugmuseum und ein Museums-bergwerk bieten ein abwechslungs-reiches kulturelles Rahmenprogramm.

Mit einem Besuch der Kirchberg-Therme, an die eine Tennishalle und ein Fitneßstudio angeschlossen sind, oder dem Vitamar-Erlebnisbad kann man einen schönen Skitag abrunden. Für Winterwanderer ist der Bismarck-Turm ein beliebtes Ausflugsziel. Am 392 m hohen Heikenberg steht für die alpinen Skiläufer ein 300 m langer Schlepplift zur Verfügung. Die Flutlichtanlage ermöglicht das Skilau-fen bis in die Abendstunden hinein.

1 **Einstieg in das Südharzer Loipennetz von Bad Lauterberg**
Einstieg: Parkplatz im Ortsteil Dietrichstal
Streckenlänge: ca. 8 km bis zum Lärchenplatz, von hier aus weitere Loipen möglich

Profil: Gesamtsteigung 260 m
Anschluß: an die Stöberhai-Loipe
Bewertung: mittelschwere Loipe

Die Loipe verläuft zu Beginn über den Königsteinweg, beschreibt bald darauf eine 360° Kehre und führt bis zum Quitschenkopfsattel hinauf. Dabei muß ein Höhenunterschied von 180 m bewältigt werden. Als markantes Ziel wird anschließend die **Hassensteinhütte** erreicht. Von hier aus geht es über den Scholbenweg in nordöstlicher Richtung weiter, bis linker Hand die **Loipe Tellertalskopf** abzweigt. Diese Schleife hat eine Länge von ca. 2 km. An diesen

Rundweg schließt im Norden eine zweite Schleife, die **Steina-Quellen-Loipe** (Länge 2,1 km), an über die man zum Wegekreuz **Lärchenplatz** mit einer Schutzhütte (625 m) gelangt. Normalerweise sollte man sich jetzt wieder auf den Rückweg nach Bad Lauterberg machen, denn am Ende wird man ingesamt 16,5 km in den Beinen haben.

Ganz unentwegte Skiläufer können vom Lärchenplatz aus jedoch noch verschiedene Schleifen aneinanderketten. Die erste Schleife ist die **Stöberhai-Loipe** mit einer Gesamtlänge von 6 km. Die Spur führt über die südlichen Hänge des Jagdkopfes

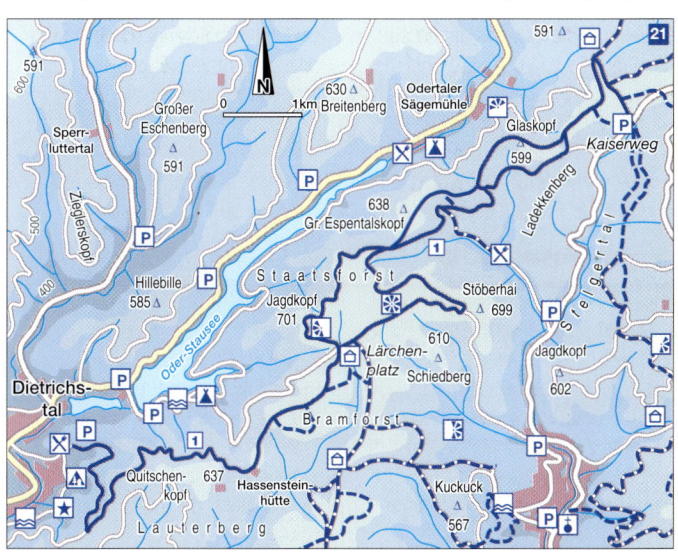

(701 m) in Richtung Norden, wo sich nach ca. 3 km der Einstieg in eine weitere Schleife befindet – die **Espentals-Loipe** (Gesamtlänge 2,4 km). Über diese Loipe erreicht man nicht nur die Waldgaststätte Haxenbaude, sondern auch die Loipe rund um den **Glaskopf**, die eine Gesamtlänge von 4,8 km aufweist. Über eine Verbindungsloipe (1,1 km Länge) kann man schließlich den **Parkplatz Kaiserweg** erreichen, der sich an der Straße von Wieda nach Braunlage befindet. Im besten Fall hat man hier ein Auto abgestellt oder läßt sich abholen, um wieder zurück nach Bad Lauterberg zu gelangen. Wenn man sich jedoch entschieden hat, die Stöberhai-Schleife

zu beenden, hat man die Möglichkeit, über einen kurzen Stichweg auf den Gipfel des **Stöberhais** (699 m) zu kommen. Von hier aus hat man an guten Tagen eine hervorragende Sicht auf den Oberharz.

Es ist natürlich auch möglich, von dem Parkplatz Kaiserweg aus zu starten und eine große Schleife in südlicher Richtung über die Glaskopf-Loipe, die Espentalskopf-Loipe und die Stöberhai-Loipe zu laufen (Länge ca. 13 km). Der Wendepunkt dieser Schleife ist dann der Lärchenplatz.

▶ Einkehrtip

Waldgaststätte Haxenbaude im Historischen Bahnhof Stöberhai, Tel.: 0 55 86/13 49

Auerhähne brauchen besonders im Winter viel Ruhe.

22 Bad Sachsa

Gesamtlänge:	20 km (Einstieg ins Südharzer Loipennetz 3,3 km)
Loipen auf:	560–670 m
Schwierigkeit:	leicht bis mittelschwer
Ski alpin:	drei Lifte und neun Pisten am Ravensberg
Sport/Freizeit:	Ferienpark Salztal-Paradies, Harzfalkenhof
Information:	Kurbetrieb Bad Sachsa, Am Kurpark 6,
	37441 Bad Sachsa,
	Tel.: 0 55 23/3 00 90, Fax: 0 55 23/7 30 09 49

Daß es in der Gegend von Bad Sachsa um 860 einmal einen Ort „Sachsahu" und eine Sachsenburg gegeben hat und heute die über 600 Jahre alte Sachseneiche besucht werden kann, wird die meisten Wintersportfreunde „kalt" lassen. Sie werden sich eher für das Wintersportzentrum am Ravensberg begeistern. Drei Lifte und neun Pisten

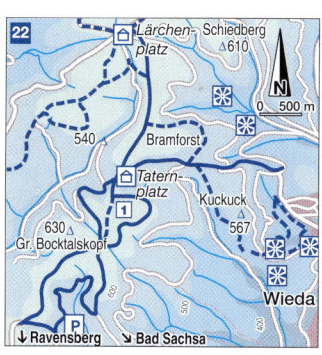

stehen an den Hängen des 660 m hohen Ravensberges zur Verfügung. Eine Rodelbahn und geräumte Skiwanderwege, ein Bergrestaurant und eine bewirtschaftete Almhütte runden das Angebot ab. Es gibt einen Skibus, mit dem man von Bad Sachsa aus direkt zum Ravensberg kommt. Auskünfte zum Liftbetrieb und zur Schneelage bekommt man unter der Telefonnummer 0 55 23/30 09 16 oder 39 91. Und natürlich kann man von hier aus auch in das Südharzer Loipennetz einsteigen.

Der Ferienpark Salztal-Paradies bietet ein vielfältiges Sportprogramm von Badminton bis Indoor-Golf, sowie ein Erlebnisbad. Lohnenswert ist auch ein Besuch des Harzfalkenhofs, der sich seit über 40 Jahren dem Greifvogelschutz verschrieben hat.

1 **Einstieg in das Südharzer Loipennetz von Bad Sachsa**

Einstieg: Wintersportzentrum Ravensberg

Streckenlänge: 3,3 km bis zur Bramforst-Loipe, von hier aus weitere Loipen möglich

Profil: Gesamtsteigung 120 m Anschluß: über die Bramforst-Loipe an die Stöberhai-Loipe oder an die Kuckucks-Loipe nach Wieda

Bewertung: leicht

Als Einstieg kann man zwischen dem Parkplatz direkt am Skistadion und dem Gipfel des Ravensberges wählen. Hier starten jeweils kleinere Verbindungsloipen, die sich später in der **Uffequellen-Loipe** vereinigen. Dieser Rundkurs ist 2,7 km lang. An ihn schließen sich in nördlicher Richtung weitere Schleifen an, zunächst die **Stephansecker-Loipe** (1,9 km) und die **Bocktalskopf-Loipe** (1,9 km).

Bei beiden Varianten trifft man nach einiger Zeit auf das Wegekreuz am **Taternplatz** (Schutzhütte). Von hier aus kann man in die **Bramforst-Loipe** mit einer Länge von 2,6 km einsteigen. Über diese Loipe gelangt man aber auch in nördlicher Richtung weiter bis zum Lärchenplatz und zur **Stöberhai-Loipe** oder in östlicher Richtung weiter zur **Kuckucks-Loipe**, die in Wieda endet.

Solch verträumte Loipen finden sich an vielen Orten im Harz.

23 Loipengebiet Walkenried, Wieda, Zorge

Gesamtlänge:	50 km
Loipen auf:	280–720 m
Schwierigkeit:	leicht bis mittelschwer
Information:	„Die drei Südharzer" Walkenried-Wieda-Zorge Touristik GmbH, Otto-Haberlandt-Straße 49, 37447 Wieda,
	Tel.: 0 55 86/9 66 00, Fax: 0 55 86/96 60 60

Unter dem Slogan „Die drei Südharzer" werben diese Gemeinden für sich. Kultureller Mittelpunkt ist dabei ohne Frage Walkenried. Hier gründeten Zisterzienser-Mönche um 1129 ein Kloster, das durch seine wirtschaftlichen Unternehmungen (Bergbau, Hüttenwesen, Vieh- und Fischzucht) bald zu einem der reichsten in Deutschland wurde. Als die Anlage während der Bauernkriege zerstört wurde, waren die Macht und der Einfluß jedoch bereits gesunken. Von der 83 m langen Klosterkirche sind heute nur noch Ruinen erhalten.
Wieda und Zorge sind ehemalige Bergmannssiedlungen, in denen heutzutage der Fremdenverkehr die wirtschaftliche Basis bildet. Wieda liegt im Zentrum des Südharzer und Kaiserweg-Loipennetzes und ist damit ein guter Startpunkt für ausgedehnte Skiwanderungen.

1 **Loipennetz Kaiserweg (Rundkurse)**
Einstieg: Wieda, Parkplatz an der Straße zwischen Walkenried und Zorge, Parkplatz Kaiserweg an der Straße zwischen Wieda und Braunlage

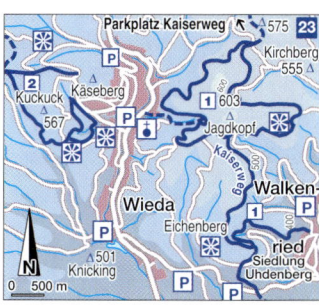

Auch für Winterwanderer bietet der Südharz herrliche Möglichkeiten.

Streckenlänge: 2–40 km, Gesamtlänge 50 km
Profil: je nach Startpunkt 120–220 m Gesamtsteigung
Anschluß: Loipennetz Südharz, Hasselkopf-Loipe Braunlage, Ebersberger Loipen
Bewertung: leicht bis mittelschwer

Auf den Höhen zwischen Zorge und Wieda verläuft der **Kaiserweg**, über den im Winter eine Loipe führt, die sich in mehrere kleinere und größere Schleifen ausweitet. In den reizvollen Laubwäldern des Südharzes können hier lohnende Skiwanderungen unternommen werden, die bei sehr guter Schneelage bis nach Walkenried führen und auf den Höhen Aussichten auf den Hochharz und das thüringische Vorland bieten. Von dem schon erwähnten **Parkplatz Kaiserweg** an der Straße zwischen Braunlage und Wieda kann man in südlicher Richtung in dieses Loipen-System einsteigen. Bis zu seinem Ende oberhalb von **Walkenried** sind es in gerader Linie ca. 11 km. Orientiert man sich vom Parkplatz Kaiserweg nach Norden, bekommt man Anschluß an die Loipen rund um Braunlage, in westlicher Richtung erreicht man die Loipen im Gebiet des Stöberhais. Man kann in das Kaiserweg-Loipen-system auch von Wieda oder von der Siedlung **Uhdenberg**, südlich von Zorge, gelangen. Wer in **Wieda** am Parkplatz an der Kurverwaltung startet, hat die Möglichkeit, einen 6 km langen Rundkurs zu laufen, bei dem die Höhen des Jagdkopfes, der Jeremiashöhe und des Brandenberges umrundet werden.

2 **Kuckucks-Loipe (Verbindungsloipe)**
Einstieg: Wieda, im Silberbachtal am Hallenbad
Streckenlänge: 2 km

Profil: Gesamtsteigung 20 m
Anschluß: über die Bramberg-Loipe in den westlichen Teil des Südharzer Loipennetzes
Bewertung: leicht

Vom Parkplatz am Schwimmbad geht es zunächst in südlicher Richtung über ein Wiesengelände zu einem Wegkreuz. Die Loipe beschreibt nun einen Bogen nach Norden und führt durch den Wald im Trockenloch-Tal, bis sie auf die **Bramberg-Loipe** trifft. Von hier aus erschließt sich der gesamte westliche Teil des Loipennetzes.

Blick auf den Stöberhai.

24 Loipengebiet Hohegeiß

Gesamtlänge:	15 km
Längste Loipe:	10 km
Loipen auf:	570−680 m
Schwierigkeit:	leicht bis mittelschwer
Ski alpin:	Skizentrum Am Brande, 3 Schleppliftanlagen, leichte bis mittelschwere Abfahrten (Länge 500 m, Höhenunterschied 70 m), Nacht-Skilauf: Mi, Fr und So 19−21 Uhr
Sport/Freizeit:	Hallenbad, Eislaufen, Eisstockschießen, Rodeln, Tennis
Information:	Kurverwaltung Hohegeiß, Kirchstr. 15 a, 38700 Hohegeiß, Tel.: 0 55 83/2 41, Fax: 12 35

Hohegeiß, das höchstgelegene Bergdorf des Harzes (642 m), zählt nur etwas über 1000 Einwohner. Die romantische Ortschaft liegt auf einem

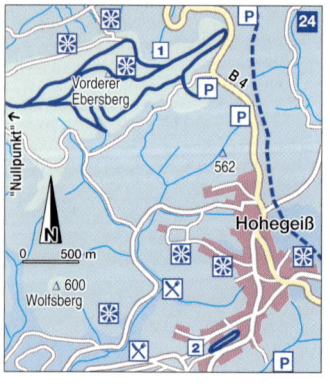

Hochplateau, eingebettet in blüten-reiche Bergwiesen und wunder-schönen Laubmischwald, in unmittelbarer Nähe zur ehemaligen Grenze. Für Wintersportler ist Hohegeiß eine der ersten Adressen im Harz, und zwar besonders für diejenigen, die es etwas ruhiger und beschaulicher haben möchten als anderswo. Auf den Langlaufloipen am Ebersberg trifft man nur selten auf hektische Betriebsamkeit. Ungestörter Naturgenuß auf schmalen Brettern ist angesagt. Die guten Anschluß-möglichkeiten zum Loipennetz um Benneckenstein, nach Braunlage und in den Südharz lassen darüber hinaus keine Langeweile aufkommen.

Für „Alpinisten" stehen in Hohegeiß 4 Skilifte zur Verfügung. Ein „Leckerbissen" ist das Alpin-Skilaufen unter Flutlicht am Skizentrum Am Brande. Auch eine beleuchtete Langlauf-Loipe steht zur Verfügung.

1 Ebersberg-Loipen

Einstieg: Hohegeiß, Am Gretchenkopf, Parkplatz am nördlichen Ortseingang; Parkplatz Bechlerstein an der B 4 (2 km nördlich von Hohegeiß); Parkplatz Sportplatz an der B 4 (1 km nördlich von Hohegeiß)
Streckenlänge: 10 km, Teilstrecke 3 km ab Parkplatz Bechlerstein
Profil: 10 km Strecke mit längerem steilen Anstieg und steiler Abfahrt; Gesamtsteigung 170 m; 3 km Teilstrecke hügelig mit nur einem nennenswerten Anstieg; Gesamtsteigung 40m
Besonderheiten: am Loipeneinstieg in Hohegeiß herrliche Aussicht über die Bergwiesen
Anschluß: Verbindungsloipe über Nullpunkt (L 601) Richtung Parkplatz Kaiserweg an der L 600; von hier Anschluß an die Hasselkopf-Loipe nach Braunlage sowie die Südharz-Loipe und die Kaiserweg-Loipe
Bewertung: leicht (3-km-Teilstrecke) bzw. mittelschwer (10-km-Loipe) für Anfänger und Könner

Der Bechlerstein.

Vom Loipeneinstieg geht es zunächst im langgestreckten Bogen über herrliche Bergwiesen zum Waldrand und dann vorbei am ehemaligen Schullandheim Heimathütte zum Parkplatz **Bechlerstein**. Ein Gedenkstein erinnert an den Kreisrentmeister Hermann Bechler aus Blankenburg, der 1886 auf dem Fußweg nach Zorge im Schneesturm die Orientierung verlor und an dieser Stelle erfror.

Mehr oder weniger hangparallel führt die Loipe weiter durch Fichtenwald entlang des Vorderen Ebersbergs zur **Schnusenwiese**. Hier zweigt die 3-km-Loipe links ab und führt im Bogen über den Drosselweg zurück zum Parkplatz Bechlerstein.

Die 10-km-Loipe steigt nun ordentlich an und fordert auf den nächsten rund 500 Metern überdurchschnittlichen Einsatz. Belohnt wird man dafür jedoch mit dem folgenden, gut 1,5 km langen Abschnitt auf dem **Ebersbergkamm**, der im Wechsel leichte Anstiege und Gefällstrecken zu bieten hat. Unmittelbar auf dem Kamm zweigt gleich die Verbindungsloipe zum Parkplatz Kaiserweg ab. Wer hier abbiegt, sollte insbesondere bei harter oder vereister Spur äußerste Vorsicht walten lassen oder lieber gleich die Ski abschnallen. Den Wurzelstieg hinunter zum **Nullpunkt** geht es in extrem starkem Gefälle. Gleiches gilt übrigens auch für die Ebersbergloipe, wo diese vom Kammweg nach links abzweigt. Hier folgt eine lange, zum Ende steiler werdende Abfahrt, die zu guter letzt auch noch eine scharfe Rechtskurve zu bieten hat. Wer dies unbeschadet überstanden hat, erreicht nach kurzem, aber steilem Anstieg die **Ebersberg-Schanze**. Friedhelm Klapproth aus Altenau sprang hier Ende der 60er Jahre mit 71,5 Metern einen Schanzenrekord, der bis zum Abbau des stählernen Anlaufturms 1991 Bestand hatte und nun wohl bis in alle Ewigkeit halten wird. Auf der folgenden Abfahrt bekommt man nur eine leichte Ahnung von den Geschwindigkeiten, die Skispringer vor dem Absprung am Schanzentisch wohl erreichen dürften. Vorsicht, am Ende des Abhangs quert mit der Ebersbergstraße ein geräumter Forstweg! In einer kurzen Schleife führt die Loipe weiter über den Kesselberg, bis kurz darauf wieder der Parkplatz Bechlerstein in Sicht kommt und **Hohegeiß** nicht mehr fern ist.

2 Beleuchtete Loipe am Bohlweg
Einstieg: Bohlweg, südlicher Ortsteil von Hohegeiß
Streckenlänge: 1,3 km
Profil: vielfach eben; Gesamtsteigung 30 m
Bewertung: leicht

Loipengebiet Ostharz

25 Loipengebiet Benneckenstein

Gesamtlänge:	66 km
Längste Loipe:	8,5 km
Loipen auf:	530–600 m
Schwierigkeit:	leicht bis mittelschwer
Ski alpin:	Übungshänge am Rappenberg und am Pfeiferberg
Sport/Freizeit:	Skisprungschanzen, Hallenbad, Reitsport, Tennis
Information:	Kurbetriebsgesellschaft „Brocken" mbH, Kurverwaltung Benneckenstein „Haus des Gastes", Am Kurpark, 38877 Benneckenstein, Tel.: 03 94 57/26 12, Fax: 03 94 57/26 13

Im Jahre 1992 wurde die Kurbetriebsgesellschaft „Kurstraße Brocken" gegründet, in der sich die die Luftkur- und Wintersportorte Schierke, Elend, Benneckenstein und Rothesütte zusammengeschlossen haben. Neben Schierke ist Benneckenstein der bedeutendste Wintersportort im Ostharz. Nicht weniger als 68 km Loipen werden hier jeden Winter gespurt. Mit seiner Lage, 570 m über dem Meeresspiegel, ist Benneckenstein die höchstgelegene Stadt Sachsen-Anhalts. Seit über 70 Jahren gibt es einen aktiven Wintersportverein und viele Ski-Meisterschaften, nordische Wettkämpfe und Volksläufe wurden und werden rund um Benneckenstein ausgetragen, u.a. auch auf dem Schanzenkomplex mit drei Sprungschanzen, auf denen Weiten von ca. 37 m erreicht werden können. Für alpine Skifreunde und Rodler gibt es zwei Übungshänge, jedoch ohne Liftanlage. Ein Hauch von Alaska ist zu spüren, wenn die jährlichen Schlittenhunderennen ausgetragen werden. Skilangläufer schätzen an Benneckenstein nicht nur das reichhaltige Angebot verschiedener Loipen, sondern auch die Tatsache, daß diese zumeist über offenes Wiesengelände führen. Das bedeutet an schönen Tagen Sonne satt und tolle

Ausblicke über die Hochebene im Rappbodetal. Darüber hinaus stellen die Loipen keine sehr hohen Ansprüche an die Technik, da das Gelände meist nur wenig Gefälle bzw. Steigungen aufweist. Wer auch einmal auf einen Skitag verzichten möchte, kann sich im neuen Harzbad tummeln, Tennis spielen oder eine ausgiebige Fahrt mit einem Pferdeschlitten oder der Harzquerbahn unternehmen, die in Bennneckenstein einen Bahnhof hat. Ein Eisenbahn-Museum wird voraus-

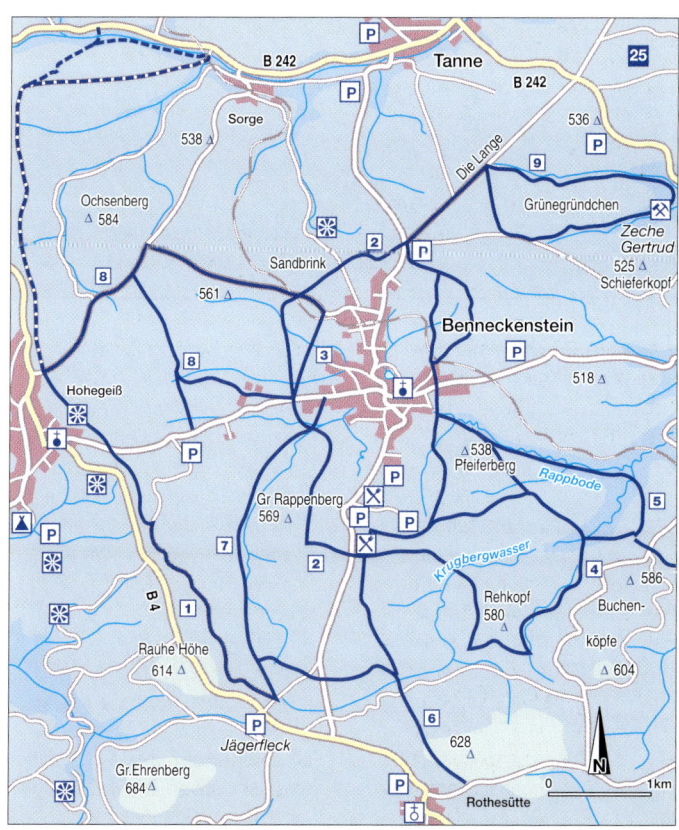

sichtlich im Sommer 1997 eröffnet.
Im Sommer findet in Benneckenstein
das Finkenmanöver statt. Dieses
Brauchtumsfest ist ein Wettstreit, bei
dem der beste Sänger unter den
Buchfinken ermittelt wird.
Benneckenstein liegt im Mittelpunkt
eines Loipennetzes, in dem man die
verschiedensten Wegstrecken mitein-
ander kombinieren kann.

1 Grenzloipe

Einstieg: Ortsausgang Benncken-
stein an der Straße nach Hohegeiß;
Parkplatz Jägerfleck, an der B 4 zwischen Hohegeiß und Rothesütte
Streckenlänge: 8 km
Profil: ohne nennenswerte Steigungen
Anschluß: Verbindung nach Hohegeiß, Anschluß an die Ebersberg-
loipen möglich
Bewertung: leicht

Unter Insidern genießt die Grenzloipe
von Benneckenstein entlang der ehemaligen Grenze und über Hohegeiß
zurück den Ruf eines Geheimtips.
Und in der Tat, die Loipe hat besonders für „Sonnenanbeter" ihre Vor-
züge, weil sie durch traumhaft schöne
offene Wald- und Wiesenlandschaft
führt und nur wenige Male in den
„dunklen Tann" eintaucht. Den Loipeneinstieg findet man in Benneckenstein am westlichen Ortsausgang

unmittelbar an der Straße nach Hohegeiß. Von hier geht es zunächst auf
der Patrouillenweg-Loipe (3 km) in
das Quellgebiet der Rappbode, deren
Wasser sich in der einige Kilometer
östlich liegenden Rappbodetalsperre
mit der Bode vereinigen. Am **Jägerfleck** erreichen Sie die ehemalige
Grenze an der Bundesstraße 4, die
auf dem Abschnitt Jägerfleck – Hohegeiß erst seit der Wende wieder für
den öffentlichen Verkehr freigegeben
ist. Auf dem Kolonnenweg entlang
der Grenze geht es die nächsten rund
3 km durch welliges, später deutlich
ansteigendes Gelände nach **Hohegeiß** (642 m ü. NN), wo man mit
einem wahrhaft schönen Ausblick
über die Harzhochfläche belohnt
wird.
Zurück nach Benneckenstein folgt
man der am nördlichen Ortsausgang
rechts abzweigenden Loipe zunächst
parallel der Forststraße nach **Sorge**,
bis die Grenzloipe rechts nach
Benneckenstein abzweigt. „Kilome-
terfressern" können wir eine
„Extrarunde" (ca. 8 km) empfehlen.
Folgt man in Hohegeiß der Loipe auf
dem Kolonnenweg weiter Richtung
Norden, gelangt man durch herrlich
offenes Gelände bis hinab ins Bode-
tal und dann nach Sorge. Von hier
geht es allmählich ansteigend durch
das Ochsenbachtal zurück Richtung
Hohegeiß und Benneckenstein.

▶ **Einkehrtip**

Waldschlößchen, Tel.: 03 94 57/24 60;
Hotel Harzhaus, Tel.: 03 94 57/9 40

2 Rundweg-Loipe (Rund-kurs)

Einstieg: östlicher Stadtrand von
Benneckenstein, Parkplatz Zollhäuser
Straße
Streckenlänge: 8,5 km
Anschluß: mehrere Varianten möglich
Bewertung: leicht

Auf dieser Loipe kann man ganz
Benneckenstein umrunden und
sich zwischen verschiedenen Abkür-
zungsmöglichkeiten und Erweite-
rungsschleifen entscheiden. Zunächst
läuft man in Richtung Norden (zwei
Varianten führen um das Gewerbe-
gebiet herum) auf das Gelände der
Fachhochschule für Rechtspflege zu.
Hier überquert man auch die Straße
zwischen Tanne und Benneckenstein.
Nun geht es am Hang der kleinen
Anhöhe Sandbrink (564 m) in westliche Richtung. Auf dieser aus Kiesel-
schiefer bestehenden Höhe wurden
Buchen gepflanzt, die auf dem sehr
armen Boden nur kümmerlich gedei-
hen. Bald darauf erreicht man die
Gleisanlagen der Harzquerbahn,
überquert diese und läuft in südlicher
Richtung auf die Straße nach Hohegeiß zu. Über die verschneiten Wiesen erreicht man schließlich die

Rappbode und anschließend die
Höhe des **Rappenberges**. Von hier
aus bietet sich ein schöner Blick in
Richtung Wurmberg und Brocken.
Die Loipe biegt dann Richtung Osten
ab und überquert die Straße nach
Rothesütte. In der **Gaststätte Waldschlößchen** kann man eine Rast
einlegen, ganz in der Nähe befindet
sich auch eine Waldbühne und das
Finkenmanövergelände. Das Waldschlößchen ist die ehemalige Skihütte
des Sportvereins Nordhausen und
war eine der ersten Einrichtungen
dieser Art im Harz. Das restliche Stück
des Rundweges führt dann zwischen
dem Ziegenkopf und dem Pfeiferberg
(mit Ski-Übungshang und Rodelbahn)
entlang, und man erreicht dann wieder an der Brücke über die Rappbode
die Häuser von Benneckenstein.

▶ **Einkehrtip**

Waldschlößchen, Tel.: 03 94 57/24 60;
Hotel Harzhaus, Tel.: 03 94 57/9 40

**3 Rappenberg-Loipe
(Variante zur Rundweg-Loipe)**
Einstieg: Bahnhof Benneckenstein
Streckenlänge: 4 km
Profil: Anstieg über den Rappenberg
Bewertung: leicht

Auf dieser Loipe läuft man durch
das Wiesengelände westlich von
Benneckenstein. Diese früheren

Mähwiesen werden heutzutage nicht mehr bewirtschaftet, und ihre Erhaltung ist somit in Frage gestellt. Hinter dem Bahnhof befindet sich in der Nähe der Gleise der Einstieg in die Loipe. Dicht am Ortsrand überquert man die Straße in Richtung Hohegeiß. Von hier aus läuft man in der Spur der Rundweg-Loipe weiter bis zum Waldschlößchen.

4 Rehkopf-Loipe (Rundkurs)

Einstieg: Parkplatz am Waldschlößchen
Streckenlänge: 7 km
Anschluß: an die Stollborn-Loipe, die Teilungs-Loipe, die Rundweg-Loipe und die Rappenberg-Loipe
Bewertung: mittelschwer

Die Rehkopf-Loipe beschreibt einen 7 km langen Bogen südöstlich von **Benneckenstein** um den Rehkopf und den Krugberg. Der Startpunkt dieses Rundkurses befindet sich an einem Parkplatz an der Straße Benneckenstein – Rothesütte in der Nähe des Waldschlößchens. Man läuft zunächst in der Spur der Rundweg-Loipe, die einen 8,5 km großen Bogen rund um Benneckenstein beschreibt. Bald gabelt sich die Spur, und man läuft geradeaus in östlicher Richtung weiter auf den **Grauberg** (517 m). Hier trifft man auf die Stollborn-Loipe und läuft auf dieser von

Grauberg hinab bis zum Krugbergwasser. Nachdem man den Bachlauf überquert hat, verläßt man die Stollborn-Loipe und läuft in südwestlicher Richtung durch den Wald weiter um den **Rehkopf** herum. Nach einer weiteren Überquerung des Krugbergwassers erreicht man die Schutzhütte an der Kälbertränke und bald danach den Ausgangspunkt der Loipe.

5 Stollborn-Loipe und Teilungs-Loipe (Rundkurs)

Einstieg: östlicher Ortsrand von Benneckenstein, Brücke über die Rappbode
Streckenlänge: 3,5 km und 2,5 km
Anschluß: an die Rehkopf-Loipe
Bewertung: leicht

Diese beiden Loipen lassen sich zu einem schönen Rundkurs kombinieren. Die bereits erwähnte Stollborn-Loipe führt von der Brücke aus über den **Grauberg** in das Wiesental des Krugbergwassers. Von dort aus lenkt uns die Spur in östlicher Richtung weiter über den **Stollborn**, und man erreicht entweder die Gleisanlagen der Harzquerbahn oder läuft über die Teilungs-Loipe im Tal der Rappbode zum Ausgangspunkt zurück. An den Gleisen der Bahnstrecke entlang führt ein Wanderweg in das Tiefenbachtal und nach **Sophienhof**. Von hier aus erreicht man in einer halben Stunde den **Bahnhof Netzkate**r, in dessen Nähe sich das einzige Harzer Steinkohle-Besucherbergwerk befindet, der „Rabensteiner Stollen".

6 Rothesütter Loipe

Einstieg: Waldschlößchen oder Parkplatz in Rothesütte
Streckenlänge: 4 km
Anschluß: Rundweg-Loipe, Rehkopf-Loipe
Bewertung: leicht

Südlich von Benneckenstein liegt der südlichste Ort der Kurstraße Brocken, **Rothesütte**, benannt nach dem roten, tonigen Boden der Gegend, „rote Senke" oder „rote Sitte" und ist seit 1679 bekannt. Die Loipe führt entlang der Alten Straße, einem alten Postweg zwischen **Benneckenstein** und Ellrich durch die Dammbachswiesen nach Benneckenstein. In den Dammbachswiesen legten Bergleute einen kleinen Stausee für die Erzwäsche an.

▶ Einkehrtip

Gaststätte Waldfrieden, Rothesütte, Tel. 03 63 31/4 82 06

7 Patroullienweg-Loipe

Einstieg: Parkplatz Jägerfleck, an der B 4 zwischen Hohegeiß und Rothesütte
Streckenlänge: 3 km
Anschluß: an die Rappenberg-Loipe und die Rundweg-Loipe
Bewertung: leicht

Benneckenstein, die höchstgelegene Stadt Sachsen-Anhalts.

Vom **Jägerfleck** aus führt diese Loipe über den alten Patrouillenweg nach Norden. Dabei läuft man durch das Rote Bruch, in dem die Rappbode entspringt, folgt dem Bachlauf und gelangt über die Hänge des Rappenberges weiter, bis man nach 3 km die Spur der Rundweg-Loipe erreicht.

Am Jägerfleck befindet sich ein Dreiherrenstein, der die ehemalige Grenze zwischen dem Herzogtum Braunschweig, dem Königreich Preußen und dem Gräflich Wernigeroder Forst anzeigt. Heute treffen sich hier die Grenzlinien von Niedersachsen, Sachsen-Anhalt und Thüringen.

8 Sandbrink-Loipe und Prinzenweg-Loipe

Einstieg: Bahnhof Benneckenstein
Streckenlänge: 3 km und 3 km
Anschluß: an die Grenzloipe oder an die Rappenberg-Loipe
Bewertung: mittelschwer

Die Sandbrink-Loipe führt durch die Wiesen und Wälder westlich von **Benneckenstein** und stellt die Verbindung zur Grenzloipe her. Man kann über diese Loipe jedoch auch die Prinzenweg-Loipe erreichen und entweder in südlicher Richtung zum Parkplatz an der Straße nach Hohegeiß gelangen oder in östlicher Richtung an die Rappenberg-Loipe anschließen.

9 Giepenbach-Loipe (Rundkurs)

Einstieg: Parkplatz im Norden von Benneckenstein an der Straße nach Tanne
Streckenlänge: 7 km
Bewertung: leicht

Vom Parkplatz an der **Alten Eiche** aus läuft man zunächst in nordöstlicher Richtung auf einer alten Verbindungsstraße, die „**Lange**". Über sie wurden Erze und Holzkohle zu den Hütten in Tanne Rübeland transportiert. An einer Weggabelung zweigt die Loipe in östlicher Richtung ab und folgt dem Giepenbach. Im **Giepenbachtal** entstanden durch extensive Heugewinnung Feuchtwiesen, die nach der Nutzungsaufgabe zu verbuschen begannen. Durch die Initiative von Naturliebhabern konnte der alte Zustand jedoch erhalten werden, so daß hier im Sommer ein Blütenmeer aus Trollblumen, Knabenkräutern und vielen anderen bedrohten Pflanzenarten zu bewundern ist.

Kurz hinter dem Wendepunkt der Rundloipe an der B 242 liegt die **Zeche Gertrud**, die bekannteste im Benneckensteiner Revier. Hier wurden bis 1912 Buntmetallerze abgebaut. Die Loipe folgt nun einem Bachlauf und zweigt dann nach Norden ab, wo nach einiger Zeit wieder die „Lange" erreicht wird.

26 Loipengebiet Hasselfelde, Stiege, Trautenstein

Gesamtlänge:	45 km
Längste Loipe:	5 km
Loipen auf:	400–620 m
Schwierigkeit:	leicht bis mittelschwer
Sport/Freizeit:	Eisstockschießen auf einer Natureisbahn (beleuchtet) in Hasselfelde, Rodelbahnen
Information:	Kurverwaltung Hasselfelde, Lindenstraße 3a, 38899 Hasselfelde, Tel. u. Fax: 03 94 59/7 13 69

Hasselfelde liegt im Zentrum der Harzhochfläche. Viele Ausflugsziele sind von hier aus schnell zu erreichen. Auch diese Stadt ist ein alter Bergwerks- und Hüttenort und erhielt 1222 die Stadtrechte. Im Ort kann die Ruine einer alten Königsburg besichtigt werden. Hasselfelde hat Anschluß an die Harzquerbahn und die Selketalbahn, wodurch auch die Loipen-

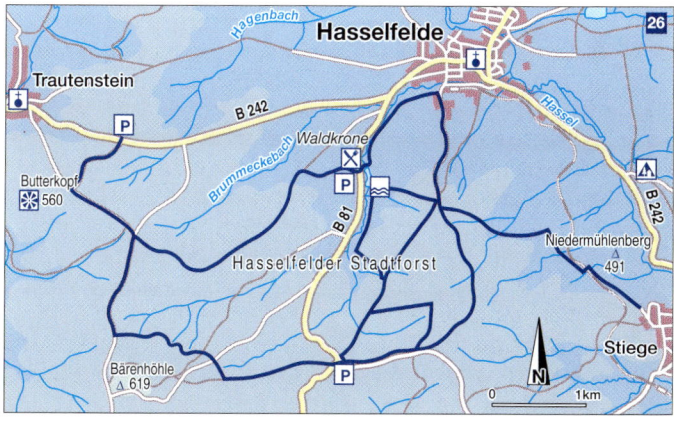

gebiete um Schierke und Benneckenstein erreichbar werden.

Stieges Wahrzeichen ist das Schloß. Aber auch die Harzer Schmalspurbahn wartet hier mit einer Besonderheit auf, nämlich der kleinsten Wendeschleife der Selketalbahn. Einst war Stiege die Hauptproduktionsstätte des bekannten Harzer Käse, im 19. Jahrhundert gab es hier 16 Käsereien. Trautenstein liegt im Tal der Rappbode und ist umgeben von Wäldern und den schönen Wiesen des Bachtales. Der Sportverein Hasselfelde betreibt im Winter ein Skicamp und richtet verschiedene Wettkämpfe, unter anderem den traditionellen Harzer Staffeltag, aus. Am Tännchen, am Weinbrunnen und am Käsberg gibt es Rodelhänge.

Wichtigster Einstiegspunkt in die Loipen um Hasselfelde, Stiege und Trautenstein ist das Skicamp des SV Grün Weiß Hasselfelde im Süden der Stadt. Von hier aus starten mehrere Schleifen von 1–5 km Länge.

Eine Loipe findet sich im Norden von Hasselfelde. Startpunkt ist die Hagenmühle. Die Loipe beschreibt einen Rundkurs, zunächst entlang des Vorbeckens Hassel (Teil der Rappbodetalsperre) und dann um den Hütteberg und den Hoppelberg herum, zurück zum Ausgangspunkt. An der Bundesstraße 242 zwischen Trautenstein und Hasselfelde und der Bundesstraße 81 zwischen Ilfeld und Hasselfelde gibt es Parkplätze, von denen aus ebenfalls in das Loipengebiet eingestiegen werden kann.

▶ Einkehrtip

Gaststätte Waldkrone, Hasselfelde, Tel.: 03 94 59/7 14 58

Erlenbruch im Schnee.

27 Loipengebiet Elbingerode, Königshütte, Rübeland

Gesamtlänge:	40 km
Längste Loipe:	7 km
Loipen auf:	400–470 m
Schwierigkeit:	leicht bis schwer
Ski alpin:	Skihang in Königshütte; Hang am Schreiberberg in Elbingerode
Sport/Freizeit:	Rodeln in Königshütte
Information:	Stadt Elbingerode, Markt 3, 38872 Elbingerode, Tel.: 09 34 54/4 52 81, Fax: 03 94 54/4 22 10

Rund um Elbingerode werden in Richtung Königshütte und Elend, Drei-Annen-Hohne oder Rübeland/Hüttenrode 40 km Loipen gespurt. Die Einstiege der Loipen befinden sich zumeist in der Nähe eines Parkplatzes. Von hier aus kann man auch auf die Loipen des Nationalparks Hochharz und von Hüttenrode gelangen.

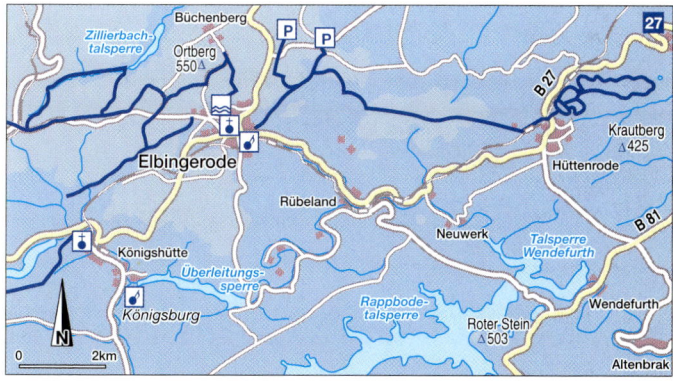

Ortsregister

Abkürzungen/Erläuterung der Karten

→ = Kilometerangaben für eine Richtung
↔ = Kilometerangaben für die Schleife oder hin und zurück
—— = Beschriebene Loipen
- - - = Anschlußmöglichkeiten/Alternativen